در حضرت راز وطن
«ایران» و «ایرانیت» در متن ادب پارسی

رضا فرخفال

در حضرت راز وطن
«ایران» و «ایرانیت» در متن ادب پارسی

نویسنده: رضا فرخفال
طرح روی جلد: کیوان مهجور
ویراست اول: ۱۳۹۷
ناشر: آسو

ISBN 978-3981974-70-6

فهرست

با یاد شاهرخ مسکوب

نوشتن این کار بیش از آنچه در آغاز فکر می‌کردم به درازا کشید. مدت زمانی از یادداشت‌برداری و نوشتن برداشت‌های اولیه نگذشته بود که دریافتم پرداختن به موضوع «ایران» در متن ادب پارسی از حد یک جستار تک‌نگارانه خواهی‌نخواهی فراتر می‌رود و در قالبی تنگ نمی‌توان حق مطلب را، آن‌گونه که باید و شاید، ادا کرد.

موضوع تحقیقی که می‌خوانید، به سخنی دقیق‌تر، مفهوم میهن (وطن)ی به نام «ایران» و هویت ملی ایرانی «ایرانیت» در بازنمودهای آن در فرادهش (سنت) ادب پارسی از دوران کلاسیک تا مدرن است. پیچیدگی موضوع و گوناگونگی بازنمودهای آن از یک سو؛ و از سویی دیگر، زمینه‌ای به گستردگی آنچه متن ادب پارسی پیش روی ما می‌گشاید، من را اما ناگزیر کرد که حاصل جستجوی خود را به فشرده‌ترین و کوتاه‌ترین سخن با خواننده درمیان بگذارم.

ذکر نکاتی چند در این پیشگفتار ضروری می‌نماید. نخست اینکه، خواننده‌ای که به دنبال استقرایی از تلقیات قدما از وطن در قالب ابیاتی منظوم یا اشاراتی منثور در ادب کلاسیک یا مدرن می‌گردد، و استقرایی بدون استنتاجی کلی و مربوط البته، مطلوب خود را نه در این نوشته که در جاهای دیگر می‌تواند پیدا کند. آنچه در صفحات بعد می‌خوانید به لحاظ روشی نه تبارشناسی مفهومی به نام ایران است، و نه شرح تطور معنایی کلمه ایران در ادوار و متون مختلف. با این حال، و اگر چه قصد تاریخ‌نگاری ادبی نبوده، گستردگی متن ادب پارسی پرداختن به موضوع را در سیری کرنولوژیک ناگزیر کرده است. در این سیر زمانی از زمان حال به گذشته می‌رویم هم در آن حال که گاه، به ضرورت جنبه‌ای از موضوع، زمان‌ها در هم تداخل پیدا کرده‌اند. چهارچوب نظری این نوشته صرفاً چهارچوبی نظری ـ ادبی است. در این چهارچوب است که بازتاب‌های ایران و ایرانیت (هویت ملی ایرانی) در گزیده‌ای از متون ادبی اثرگذار، کانونی و مدرن، در زمان‌های مختلف بررسی شده است. به کوتاه سخن، نوشته حاضر کوششی است برای یافتن پاسخی برای این پرسش که ایران در فرادهش (سنت) ادب پارسی چگونه خوانده شده و در زمانه ما این واژه را چگونه خوانده‌اند؟

این دو پرسش در واقع در دل پرسش کلی و مهم‌تری ریشه گرفته که امروز دربرابر ماست. پرسش اکنون دیگر فقط این نیست که ایران چیست؟ بلکه این است که از ایران چه مانده است؟ از ایران برای ما چه گذاشته‌اند؟

اگر بپذیریم که هویت به خودی خود فقط یک مفهوم است و هویت، همیشه و در عمل، احراز هویت است، باید بگوییم که یک هویت و به ویژه هویتی ملی در مواقع خطر و در برابر نیروهایی معارض است که خواستار احراز خود می‌شود. ایرانیت در نوشته حاضر به معنای هویت ملی ایرانی است. از این روست که پرسش اصلی را می‌توان به سخنی دیگر چنین به عبارت در آورد که ایرانیت همچون یک هویت در متن ادبی چگونه خود را احراز می‌کند؟ هویت ایرانی را امروز با جستجویی در فرادهش ادب پارسی چگونه می‌توان باز تعریف کرد؟

برای خواننده‌ای که «ایران» برای او موضوع یک دلبستگی است، شرح اوضاع در این روزها به عنوان نمونه‌ای از «مواقع خطر» ضرورتی ندارد. به کوتاه سخن و اشاره‌وار می‌توان گفت که ایرانیت همچون هویتی ملی به اکنون نیاز به احراز خود به صورت بازتعریفی از خود دارد، چرا که نیروها یا گفتمان‌هایی به امحا یا تحقیر آن کمر بسته‌اند. تا آنجا که به موضوع این نوشته برمی‌گردد از میان تعارض‌های سیاسی و زیست‌محیطی ما بر تعارض‌های فرهنگی تأکید کرده‌ایم در قالب گفتمان‌هایی که کشوری با نام و نشان را دوست دارند در مظان بی‌نامی بنشانند و آبرو را از یک نام برگیرند. اما ازین سخن نباید چنین برداشت شود که گویا تاریخ ایران سراسر غرورآمیز و افتخارآفرین بوده است. اگر در تشکل ملیت‌ها با ارنست رنان موافق باشیم که دو عامل مهم همواره نقش داشته‌اند: یاد و فراموشی، می‌توان به عامل سومی نیز قایل بود و آن را به آن دو دیگر افزود. این عامل سوم همانا شرمساری است. کدام ملیت شناخته‌شده‌ای را در عصر حاضر می‌توان سراغ گرفت که از بابت لحظاتی از گذشته خود شرمسار نیست و نباید باشد؟ ایران نیز ازین قاعده مستثنا نیست.

این نوشته را در سه بخش می‌خوانید که هریک با درنگی بر یک نقل قول به عنوان تمهید سخن به تحلیل جنبه‌ای از موضوع می‌پردازد. در بخش نخست با گریزی به تاریخ و با نگاهی گذرا به تعریف ملیت خطوطی از ایرانیت همچون یک ملیت طرح شده است. در بخش دوم به بازتاب های ایرانیت در ادب معاصر پرداخته شده و بخش سوم به جستجویی در پیشینه‌ی ایران و ایرانیت در ادب کلاسیک اختصاص دارد.

نوشته‌ی پیشرو از آن‌گونه تحقیقات به قول تری ایگلتون در باب «آداب غذاخوری در کارتاژ باستان» نیست. ضرورتی جدی‌تر و مبرم‌تر از تفننی ادبایی یا کنجکاویی آکادمیایی انگیزه نوشتن آن بوده است. در اینجا نیز، همچون کارهای دیگر این نگارنده درباره‌ی ادب و فرهنگ ایرانی، به آنچه ظریفی از فیلسوفان معاصر «شاعرانگی تحلیل» اصطلاح کرده وفادار بوده‌ام. نخست به دلیلی شخصی و آن اینکه، همیشه به عنوان داستان‌نویس به دوستان شاعر خود رشک برده‌ام؛ و دیگر اینکه، این شعریت خود موضوع بوده است که بلاغت این نوشته را، اگر بلاغتی در آن بتوان یافت، ایجاب می‌کرده است. این بلاغت بخشی از «استدلال» در این نوشته است.

ایرانیت در متن ادبی و به ویژه با تکیه بر شاهنامه یک سرنوشت است. این سرنوشتی است که اگرچه نمی‌توان «لحظه‌ی آغازین»ی برای آن یافت، اما در هر لحظه‌ای از خوانش ما را در خود درگیر می‌کند. ایرانیت بدین تعریف نه تنها یک هویت به معنای متداول در مباحث فرهنگ شناختی که یک سوداست. در پرداخت به این مفهوم، اساس نظری این نوشته و آبشخورهای آن را خواننده می‌تواند در ارجاعات و گزیده روی‌آوردها در پایان کار ملاحظه کند. در این نوشته در برابر «سهم دیگری» در زبان (باختین)، «حافظه مدور» (بارت)، «ساحت میانین» (اکریستوا) و «دیگری زبان» (دریدا) مفهوم «یاد» را در زبان پیشنهاد کرده‌ام و توجه داشته‌ام که بیش از آنچه در این کار آمده، این مفهوم‌سازی باز هم نیاز به شرح و ژرفش دارد.

گفته شده که برآیند کاربست نظریه‌های به اصطلاح «پسامدرن» چیزی جز ارایه‌ی منظری «چهل تکه» از ایران نبوده است. این سخن از جهتی درست است. اگر واژه زیر سؤال «پسامدرن» را کنار بگذاریم، آری، این نوشته نگاهی به پاره‌ای دیدگاه‌های پساساختارگرا در تحلیل ادبی دارد و برآیند کار هم چنانکه خواهید خواند چشم‌انداز پاره‌پاره‌ای از ایران نشده است. مثلاً در رویکرد به شاهنامه هم نگارنده بر آن بوده که این رویکرد در چهارچوبی صرفاً نظری ـ ادبی صورت گیرد ـ و نه مثلاً تاریخی یا اسطوره‌شناختی؛ و ازینرو، در خوانش خود از چنان متنی چند مفهوم برگرفته از نظریه‌های پساختارگرایانه راهگشای من بوده است. شوخی است اگر امروزه ما بخواهیم به خوانشی جدی از متنی کلاسیک یا مدرن دست یازیم و نگرش‌ها یا مفاهیم پساساختارگرایانه را کناری بگذاریم یا از آن بی‌خبر باشیم. کژنگری آن چه در همین نوشته از آن به عنوان خوانش‌های خام فرهنگ‌گرا، یونیورسالیست و به ویژه پساستعمار گرا یاد شده، به رغم ادعاهایشان، ریشه در گرته‌برداری صرف از پاره‌ای دیدگاه‌های مطرح در غرب داشته است، بدون اینکه کل نظریه مربوط به این یا آن دیدگاه درونی شده باشد و بی‌آنکه وقوفی کافی و در مواردی نگرشی غیر ایدئولوژیک بر موضوع (فرهنگ و ادب ایرانی) در کار بوده باشد. نگارنده امید آن دارد که نوشته‌ی حاضر از این نقص نظری خالی و از آن برآیند ایران‌سوز عاری در نظر آید.

از منابع ایرانی پیش از هرکس دیگر باید از زنده‌یاد شاهرخ مسکوب یاد کنم که نوشته‌ها و به ویژه این کتاب او **هویت ایرانی و زبان فارسی** در انجام کار الهام‌بخش من بوده است. افسوس می‌خورم که به هنگام زندگی او و با وجود دوستانی مشترک هرگز سعادت دیدارش برایم دست نداد و چه دیر به اهمیت و ارزش کارها و شخصیت نادرش به عنوان پژوهشگری صاحب رأی و دارای نظر پی بردم. اصطلاح «یادایاد» زبان را در برابر «بینامتنیت» intertextuality از او گرفته‌ام. همچنین از مقاله‌ی بلند جلال خالقی مطلق: «ایران در گذشت روزگاران» سود گرفته‌ام و باید بگویم که آن کتاب مسکوب و این مقاله‌ی خالقی مطلق در کندوکاو و بازخوانی منابع پر شمار دیگر همچون نقشه‌ی راه برای من بوده‌اند و کار نوشتن را اگرچه طولانی اما لذت بخش کرده‌اند.

رضا فرخ‌فال، لاوال، تابستان ۲۰۱۷

خوشا بادِ نوشینِ ایران زمین ـ شاهنامه

... که تختگاه سلیمان بُدست و حضرت راز ـ سعدی

اگرنه در آن که بر آستانه‌ی (مرز) آن...   ـ ژاک دریدا *points...*

چرا باد نوشین؟ و چرا «ایران» همچون خاطره‌ای از یک عطر؟ نسیم خوش؛ بوی عنبرین؛ شکفته گلی همیشه در باغ خرم بهار که با یاد می‌آید؛ به یادآورده می‌شود... این یاد، این نامش عطرآگین، پیشینه‌ای بس کهن‌تر از مصراع نقل شده در بالا از شاهنامه دارد.

از میان حس‌های دیگر، این حس بویایی‌ست، این غریزی‌ترین حس، که زمان را برنمی‌تابد. نه در زمان می‌پاید و نه در مکان. ادراک یک عطر ادراک چیزی‌ست که هم هست و هم نیست. و خاطره‌اش، به یک وهم می‌ماند، نه روح دارد و نه جسم، اما این هردو را در بر می‌گیرد.

ادراک از راه بویایی ادراکی پیوسته نیست؛ گسسته است؛ و با این‌حال، در تعلیق زمان، این گسستگی به پیوستگی تبدیل می‌شود، و در جایی دیگر، به صورت حس آنی یک بو، همچون خاطره‌ای در زمان به تکرار درمی‌آید. چرا ایران همیشه همچون یک عطر به یاد می‌آید؟ در خوانشی ادبی از واژه‌ی «ایران»، این امتزاج خاک و خاطره،، ما نه با تبارشناسی یک مفهوم در متون که با هستی‌شناسی یک عطر سروکار داریم. ایران در این خوانش تنها یک واژه نیست با معنایی در قاموس لغت. به عنوان یک نام، آمیزه‌ای از صدا و جهان است. این خوانش ما در واقع وسوسه‌ای‌ست برای یافتن آنچه در پشت این نام، در نهفت زبان، می‌گذرد. این نام، این واژه، در ویژه‌سخن‌های ادبی (idioms) از شاهنامه به این‌سو، چگونه بازتاب یافته است؟ تا کجا می‌توانیم به گُنه معنایی این واژه در متن‌های ادبی نزدیک شویم؟

به سخن دیگر، ما در اینجا در پی تعریفی از «ایرانیت» هستیم، ایرانیت به معنای «آنیت» ایران؛ «اصل روحی» یا اساس هویت یک ملت، آنچنان‌که در متون ادب فارسی بازتاب یافته است. ایرانیت به این مفهوم هم میهن (وطن) است، همچون یک سرزمین، و هم باشندگان در آن سرزمین را در گستره‌ی معنایی خود در برمی‌گیرد.

گفته‌اند و می‌گویند که ایران به مفهوم یک وطن، یک ملیت ... برساخته‌ای بیش نیست. ما در این خوانش پا را ازین هم فراتر می‌گذاریم و می‌گوییم که ایران در متن ادبی یک «مجاز» است، اما مجازی که تعریفی برای آن در کتاب‌های معانی و بیان پیدا نمی شود. این چگونه مجازی‌ست؟

در جستجوی این مجاز دیگر، با سه تمهید سخن را آغاز می‌کنیم. این سه تمهید سه نقل قول هستند که در پرداختن به آن‌ها با رفت و بازگشت‌هایی ناگزیرِ زمانی، ما از حال به گذشته می‌رویم. با تمهید اول می‌پردازیم به آنچه «ایرانیت» نیست با نگاهی به خوانش‌های خام فرهنگ‌گرا و ایدئولوژیک که ایران را همچون یک ملیت در بعدی تاریخی نفی و انکار کرده است؛ با تمهید دوم نگاهی می‌کنیم به بازتاب‌های ایران همچون وطن (میهن) در ادبیات معاصر و با تمهید سوم و نشان ایرانیت را در متون ادبی گذشته پی می‌گیریم.این سه نقل قول از سه منبع متفاوت وناهمزمان برگرفته شده‌اند. جایگاه ذهنیتی گویندگان آن‌ها و نیز اهمیت و ارزش ادبی آن‌ها یکسان نیست. با وجود تفارق‌های بافتگانی (contextual)، اما هر سه نقل قول دیدگاه‌هایی را در باره‌ی ایران همچون میهن باز می‌نمایند که در امتداد خود به یک نقطه‌ی مشترک می‌رسد؛ و آن این که، زبانی که واژه‌ی ایران در فرادهش (سنت) ادب فارسی با آن نوشته شده، نه ساحتی از یاد که فراموش‌خانه است.

تمهید نخست

یکی از پژوهشگران دانشگاهی معاصر که شهره به برخورداری از دیدگاه های پساستعمارگرایی‌ست، در تحقیقی اتوبیوگرافیک درباره‌ی تاریخ و فرهنگ ایرانی از همکار مردم‌شناس خود نقل می‌کند که زمانی در جریان پژوهشی میدانی در روستایی دور افتاده در ایران به یکی از روستاییان می‌گوید بار دیگر که به ایران برمی‌گردد برای او این یا آن سوغات را می‌آورد. روستایی از این پژوهشگر مردم‌شناس می‌پرسد:

«ایران کجاست؟...من دهی به اسم ایران نمی‌شناسم. به اینجا نزدیک است؟»[1]

در این گفته تعمیمی نهفته است. این ناآشنایی با نام ایران در نقل قول بالا شمولی را فراتر از ذهنیت ساده‌ی یک روستایی در دهی دورافتاده در ایران افاده می‌کند. اینکه، مفهوم «ایران» به عنوان میهن برای توده‌های ایرانی مفهومی به کلی ناآشناست.

---

[1] Hamid Dabashi, *Iran: A People Interrupted*, (New Press, 2007). P6.

با خواندن این نقل قول می‌توان پرسید که کدام سطح از آگاهی تاریخی و فرهنگ پایه‌ی چنین تعمیمی بوده است؟ این تعمیم را تنها آنگاه می‌توان پذیرفت که با گرته‌برداری از پاره‌ای دیدگاه‌های پسااستعمارگرایانه، توده‌ی ایرانی را و آن روستایی منفرد نمونه‌وار را، همچون یکی از افراد آن توده تا حد بهیمه‌ای فاقد حافظه فروکاسته باشیم، بهیمه‌ای که نمی‌میرد، بلکه تمام می‌شود.

می‌توان پرسید، اگر برای همان روستایی شعری از حافظ خوانده می‌شد با آن همان احساس بیگانگی را می‌کرد که با کلمه‌ی ایران؟ حتا با این فرض که آن روستایی از سواد خواندن و نوشتن بی‌بهره می‌بود، کلمات شعر حافظ زنگ کدام سرنوشت مشترکی را در گوش او به صدا درمی‌آورد؟

تمهید دوم

در شعری از ا. شاملو، سروده شده پس از انقلاب پنجاه و هفت، می‌خوانیم که

به یاد آر:
تاریخِ ما بی‌قراری بود
نه باوری
نه وطنی.

این کلمات در واقع جمع‌بستی از تاریخی‌ست به درازای قرن‌ها که از زبان سوژه‌ای جمعی به فشرده‌ترین شکل در این شعر بازگفته می‌شود. شعر را می‌توان همچون سوگچامه‌ای، مرثیه‌ای، در نبود وطن خواند. با این خوانش اما پرسشی ناگزیر پیش می‌آید؛ و آن اینکه، در نبود چیزی که هرگز نبوده است (وطن) چگونه می‌توان سوگوار بود؟

تمهید سوم

در خاطرات عارف قزوینی می‌خوانیم: «...اگر من هیچ خدمتی دیگر به موسیقی و ادبیات نکرده باشم وقتی تصنیف وطنی ساختم که ایرانی از ده هزار نفر یک نفر نمی‌دانست وطن یعنی چه. تنها تصور می‌کردند وطن شهر یا دهی‌ست که انسان در آنجا زاییده شده باشد».[2] این درست است که ترانه‌های میهنیِ عارف در نوع خود و در زمانه‌ی خود سخنی نو بود، می‌توان حتا آن را یک ابداع دانست، اما آیا واژه‌ی «وطن» را هم او نخستین بار بود که در زبان فارسی به کار می‌برد؟

---

[2]عارف قزوینی: **دیوان**، (امیرکبیر، ج. هشتم، ۱۳۵۸)، ص.۳۴.

ایران کجاست؟

«ازاین‌رو من به این نتیجه می‌رسم که هیچ تعریفی علمی برای ملت نمی‌توان به دست
داد؛ اما پدیده‌ی ملت وجود داشته و دارد.»

- هیو سیتون- واتسن (**ملت و دولت**)۳

آیا «ایران» به مفهوم یک کشور، به مفهوم یک ملیت، چیزی انگاشته
(imagined- خیالی) است؟ چه چیزهای دیگری (مفاهیم، امور) در این جهان انگاشته یا
خیالی نیستند؟ جز پنداری در زبان نیستند؟

حتا اگر ملیت را به مفهوم مدرن آن در نظر بگیریم، می‌توان با این گفته موافق
بود که ملیت همچون هر همبودگان اجتماعی۴ که بازتولیدی از کارکرد نهادهایی باشد،
موجودیتی خیالی است. تنیده‌ای است از تار بازتاب هستی‌ای فردی در پود روایتی جمعی
؛ از بازشناخت نامی مشترک در فرادهشی زیسته به صورت بقایای گذشته‌ای به یاد
نیامدنی. اما این هم هست که گاهی در شرایطی معین «...تنها همبودگان‌ها (جامعه‌ها)ی
خیالی هستند که واقعی‌اند»۵ هر مفهومی برساخته‌ای در زبان است، اما آیا مفهوم ایران
همچون یک ملیت را ما در «هم‌اکنون» تاریخ ساخته‌ایم؟ آن را برای ما ساخته‌اند؟

در پاسخ به این پرسش‌ها، در آغاز، گریزی می‌زنیم به زمینه‌ای فراختر از
چهارچوب موضوعی و نظری این مقال تا از موجودیت خیالی یا واقعی ایران و
«ایرانیت» در بعد تاریخی آن بازتعریفی به دست دهیم. در نقل قول پیش‌گفته، آنجا که
روستایی بی‌خبر از پژوهشگر می‌پرسد که ایران کجاست، در واقع در این پرسش
موجویت ایران به زیر سؤال رفته است. در بازگفت این پرسش از زبان یک روستایی،
هرچند موردی تک افتاده، اما تعمیمی نهفته است که به تلویح ذهنیتی را
به لایه‌های «پایینی» جامعه نسبت می‌دهد؛ اینکه، گویا توده‌ی ایرانی در اعماق خود نمی
داند ایران کجاست و مقوله‌ی میهن، یا «کشور ایران» از اشتغالات ذهنی
«بالایی»هاست. این نقل قول سطرهایی را از فصل اول کتابی تشکیل می‌دهد که نقاط

---

۳ Hugh Seton-Watson به نقل از:
Benedict Anderson: *Imagined Communities*, (New York, Verso, 1991), P. 3.
۴ در اصل بوده است: social community

5 Etienne Balibar: "The Nation form: History and Ideology" in E. Balibar and
Immanuel Wallerstein: *Race, Nation, Class Ambiguous Identities*, (London, Verso,
1991), P. 93.

عزیمت نظری مؤلف را دربردارد، نقاطی که اساس خوانشی به اصطلاح «رادیکال» را از خاستگاه‌های ملیت و هویت ایرانی از آغاز تا عصر حاضر در فصول بعدی کتاب شکل می‌دهد. در این خوانش از ایران، یا از نگرشی که در پس این خوانش نهفته است، ایران نه یک نام خاص که مفهومی است بی‌مصداق. حتا اگر این نام نگاشته شده باشد (بیش از هزار بار در متنی ادبی همچون شاهنامه)، اما این نگرش آن را انگاشته می‌گیرد و برساخته‌ای بی‌معنا و تصنعی می‌داند.[6] بی‌معنا قلمداد کردن یک نام در واقع زدودن آبرو از آن است آن هم در زمانه‌ای که بیش از هروقت دیگر نیاز داریم تا آبروی این نام را به آن بازگردانیم.

آیا قصه‌ی بی‌خبری آن روستایی از «ایران»از ما نمی‌خواهد که از وجود چیزی در خود به نام «ایرانیت» دچار نوعی شرمساری عقلایی بشویم؟ مرز میان خیال و واقعیت در صحبت از امری غیر مادی همچون ملیت ایرانی (غیر مادی همچون هر ملیتی دیگر) کجاست؟

نگرش مستتر در قصه‌ی روستایی ایرانی، این نگرش به اصطلاح یونیورسالیست فرهنگ گرا، در پرداخت رادیکال خود از خاستگاه‌های ملی ایران با تخلیط کهن و نو (ملیت ایرانی با ناسیونالیته به مفهوم مدرن)، با انگشت گذاشتن روی ویژگی التقاطی فرهنگ ایرانی، چند رگگی قومی و زبانی مردمان ایران و با یادآوری گسستگی‌ها و فروپاشی‌های تاریخ این سرزمین، منکر ایرانیت به عنوان تداوم یک ذهنیت می‌شود و ایران را به مثابه‌ی یک روایت ملی همچون دیگر روایت‌های ملی در دوران مدرن پدیده‌ای اخیر اعلام می‌کند.[7] بنا بر این نگرش، چنین روایتی برساخته‌ی «مدرنیت استعماری» است؛ و به بیانی خاص‌تر، دست‌پخت گفتمان‌های خاور شناختی اروپایی‌ست که به بومیان سرزمینی با نام ایران (پرشیا)، با حدود و ثغوری نامعین و ناپایدار و اگر نگوییم موهوم، باورانده است که آنان یک «ملت» با سوابق تاریخی غرور انگیزی هستند. به نظر می‌آید از این نگرش پساستعمارگرای نوع ایرانی به ویژه با صبغه‌ی اسلامی، یا اسلام‌گرایی پساستعمارگرا، ملیت ایرانی به مفهوم نوین کلمه چیزی جز همان شبح «اوریانتالیست‌ـجاسوس» نیست. شبحی به هیئت اردشیر. جی. ریپورتر با کلاه لگنی برسر و کت و شلواری از پارچه‌ی خاکی محصول هند برتن که در گوش پهلوی اول نجواهایی کرده است... و پس می‌بینیم که حاصل این نجواها و آن دست‌پخت، از جمله لابد بازشناسی و بازسازی تخت جمشید، بزرگداشت فردوسی، تأسیس فرهنگستان زبان و واژه‌سازی، و همه در قالب گفتمانی به نام «باستان‌گرای»، دستاویز ایدئولوژیک ناسیونالیسم عصر پهلوی و از آن فراتر مضمون شوونیسم (خاک‌پرستی) ایرانی گردیده است. از نگرش یادشده، هماکنون نیز، سال‌ها پس از انقراض سلسله‌ی پهلوی، این به اصطلاح گفتمان «باستان‌گرایی» همچنان در پژوهش‌های ایران‌شناختی

---

[6] Dabashi, P. 19.
[7] Ibid., 25

به‌خصوص در خارج از ایران با انتشار مقاله، کتاب و یا برپاداشت دانشنامه بازتولید می شود!

در اینجا باید از این برداشت از ملیت ایرانی اندکی به اصطلاح «شبح‌زدایی» کنیم و نخست بگوییم که هیچ «نو»ی نیست که از «کهن» در آن نباشد. ملیت ایرانی به مفهوم مدرن همچون یک ابداع مجادله‌ای از کهنه و نو را در خود داشت. از منظری کلی، خاستگاه‌های ملت‌ها در تنوعی از نهادهایی جای دارد که همین دیروز و یا دریک زمان معین پدید نیامده‌اند.[8] هیچ ملیتی به مفهوم مدرن کلمه نمی‌تواند بیرون از زمینه‌های محلی و جهانی شکل گیرد و تا آنجا که تاریخ کشورها نشان می‌دهد، تشکیل ملیت‌های نوین بدون شالوده‌ای تاریخی، بدون ملاطی از گذشته، امکان‌پذیر نبوده است. واژه‌ی «ملت» در برابر «ناسیون» سال‌ها پیش از اقدامات ملی‌گرایانه در دوره‌ی پهلوی اول در زبان ایرانیان تجددخواه مصطلح شده بود. پیش از آن نیز، پیش از آن‌که به معنای جدید به کار رود، این واژه در زبان فارسی مفهوم بود و به کار می‌رفت. اگر کاربست این واژه را با معنایی نو (برگرفته از فرهنگ مدرن اروپایی) به عنوان نوعی ابداع زبان شناختی تلقی کنیم، همچون واژه‌های «هنر»، «فرهنگ»، و حتا «ادبیات»[9]، باید بگوییم یکی از عوامل دخیل در هر ابداع ادبی، هنری، زبانی یا اندیشه‌ای، رویارویی فرهنگ خودی با فرهنگی دیگر است؛ دیگریتی که از «بیرون» سامان موجود در «درون» را درهم می‌ریزد تا سامان تازه‌ای را پی افکند. اگر چنین اصلی را نپذیریم، باید که در گفتمان مشروطه هم به دنبال «شبح» بیگانه بگردیم و آن را نیز یکسره دست‌پخت «مدرنیته‌ی استعماری» دانیم.

در این شکی نیست که شرق‌شناسان حافظه‌ی ما را نسبت به گذشته‌ی ایران فعال کردند. اما این فرایادآوری بیشتر معطوف به تاریخ «واقعی-فاکتوال» ایران بود. در میان آن شرق‌شناسان هم بودند کسانی که کشورشان هیچ‌گونه مناسبات یا سابقه‌ی استعماری با ایران نداشت (ایران‌شناسان آلمانی به ویژه). حتا می‌توان در اینجا دامنه‌ی تقابل شرق و غرب را، که از عرائس فکری پژوهشگر پسااستعمارگراست، از این هم فراخ‌تر و بنیادی‌تر گرفت و گفت گوتنبرگ هرگز به خیالش هم خطور نمی‌کرد دستگاهی که او صرفاً برای گشایشی در کار و کسب خود اختراع کرده بود چه تأثیرات شگرفی بر

---

[8] Balibar, 87

[9] این پدیده، کاربست یا وضع یک واژه به معنایی جدید، در فرهنگ‌ها و زبان‌های دیگر هم اتفاق افتاده است. در این زمینه تطور معنایی واژه‌ی «ادبیات» در فرهنگ‌های اروپایی را می‌توان مثال آورد. «ادبیات» literature به معنای امروزی آن یکی از برساخته‌های فرهنگ مدرن اروپایی است. ماشاءالله آجودانی از قول هابسبام به این پدیده در زبان اسپانیایی اشاه می‌کند که واژه‌های «ملت»، «دولت»، و «زبان» به معنای امروزین تا قبل از سال ۱۸۸۴ در زبان اسپانیایی به کار نمی‌رفت و «... وطن patria یا صورت بیشتر رایج آن tierra به معنای محله، و زمینی که انسان در آن زاییده شده»، به کار برده می‌شد. نگاه کنید به آجودانی: **وطن، زبان فارسی و شعر مشروطه**، نشریه اینترنتی گویا.

جوامع اروپایی و به دنبال آن بر سرزمین‌ها و جوامع پیرامونی خواهد گذاشت. مفهوم نوین ملیت و پدید آمدن دولت-ملت‌ها برآیندی ناگزیر از صنعت چاپ بود.[۱۰] می‌توان همچنین به زمانی دورتر رفت و گفت این شرق‌شناسان از کشورهای استعمارگر نبودند که چهره‌ی تاریخی کوروش را کشف یا برساختند. این چهره‌ی تاریخی یا این اسطوره قرن‌ها پیش از آن‌ها حدیثی بود که نه در زبان خود ایرانیان به عنوان تفاخرات ملی که در زبان دیگران (یونانیان، یهودیان و سالنامه‌نگاران بین‌النهرینی) به ثبت رسیده بود. کسانی می‌توانند در واقعیت این چهره شک کنند، اما هزاران یهودی-ایرانی هم اکنون در «دیاسپورا»های ایرانی در متروپل‌های غرب و حتا در خود اسراییل زندگی می‌کنند که هنوز میهن نخستین خود را «ایران» می‌دانند و در این واقعیت مشکل بتوان شک کرد.

پرسش این است که اگر آن پژوهشگر نه برای سالی دیگر اما در همان محل قراری را برای روز بعد و در ساعت دقیقاً یک ربع به چهار بعداز ظهر می‌گذاشت، آیا ابهام آن روستایی برطرف می‌شد؟ یا آن‌که، این زمان مدرج به دقایق و ثانیه‌ها همان قدر برای او ناشناخته می‌بود که مکانی به نام ایران؟ حتا در کشورهای به اصطلاح راقیه هم می‌توان به آدمی برخورد که نمی‌داند همسایه‌ی شمالی کشور او چه کشوری است و یا مرز آبی جنوبی کشورش را کدام دریا یا اقیانوسی تشکیل می‌دهد. آیا وجود چنین مواردی نادر، اما محتمل، نافی درک هویت ملی در سطحی عام در آن کشورهاست؟ ما از بی‌خبری آن روستایی تنها در صورتی می‌توانیم شرمسار باشیم که از پیش پذیرفته باشیم که در ایران تنها یک «معاصریت» وجود دارد. واقع این که ما در ایران هم اکنون با معاصریت‌هایی از قرون دهم یا هشتم هجری روبرو هستیم که در عین حال در جستجوی جنگ‌افزار اتمی است، و یا معاصریت‌هایی را داریم که در تهران پای سخن «هابرماس» می‌نشیند، اما حجاب کامل خود را مجبور است رعایت کند. ما در ایران یک معاصریت نداریم، معاصریت‌های متعدد، ناهمگون و گاه متخاصم داریم. صرف نظر از استثنائی بودن نمونه‌ی آن روستایی، برای این‌که بتوانیم داستان او را باور کنیم و از مضمون ریشخندآمیز آن شرمسار باشیم، از پیش باید پذیرفته باشیم که کل جریان مدرنیته و به همراه آن درک زمان مدرن، معاصریت مدرن، و به همراه آن درکی از ملیت و میهن به مفهوم نوین می‌تواند و توانسته به گونه‌ای دربست و فراگیر همه‌ی لایه‌های اجتماعی را در کشوری با ویژگی‌های تاریخی و جغرافیایی ایران فراگرفته باشد. تنها در این حالت است که از جهان پیشاگوتنبرگی این روستایی دچار شگفتی توأم با شرمساری خواهیم شد و از خود خواهیم پرسید که پس چرا هنوز صنعت چاپ «وضع و نمود» جهان او را تغییر نداده است؟[۱۱] حتا در کشورهای غربی هم مشکل بتوان نمونه‌ای سراپا و دربست مدرن را پیدا کرد. در کدام جامعه‌ای کهن‌سال، آن هم در میان جوامع پیرامونی، رشدی یک‌دست به لحاظ فرهنگی و دریافتی همسان از امر نمادین مدرن را در میان تمامی مردمانش می‌توان انتظار داشت؟

---

[۱۰] درباره رابطه ملیت به مفهوم نو با صنعت چاپ نگاه کنید به آندرسن منبع یاد شده.

[۱۱] تعبیری از فرانسیس بیکن: «صنعت چاپ وضع و نمود جهان را تغییر داد.»

رد و انکار و فرونگری (تحقیر) ایرانیت و مشوب جلوه دادن خاستگاه‌های ملیت ایرانی، ایران به عنوان یک ملیت تاریخی، اختصاص به این نگرش شجاع نو ندارد. این ماجرایی کهنه است که بارها پیر میکده آن را شنیده است. این نگرش اگرچه به ظاهر با اقتداری آکادمیک خود را همچون نظریه‌ای نو به جلوه در می‌آورد، اما در واقع تکرار همان جهان‌سوم‌گرایی، یا بومی‌گرایی رایج دهه‌ی چهل تا پنجاه در ایران است. [12] با درنگی بیشتر حتا رگه‌ای از نگرش جهان‌وطنی چپ سابق (استالینیست) را در آن می‌یابیم که با واژگانی و دیدگاه‌هایی به عاریت گرفته از پاره‌ای نحله‌های پساساختارگرا و از آن میان به خصوص پسااستعمارگرا (ادوارد سعید و دیگران) خود را بهروز کرده است. انکار و تحقیر ایرانیت پیشینه‌ای بس کهن دارد. رد و نشان این پیشینه را می‌توان در ادبیات ضد شعوبی، و از زمان ابداع کلماتی همچون مجوس و موالی؛ زندیق و رافضی پی گرفت. از این هم می‌توان در زمان به واپس رفت و این رد را در زمان بی‌زمان اسطوره، در «گذشته‌ای که هرگز گذشته نبوده است و نخواهد بود» [13]، پیدا کرد. پیشنهاد پرتاب تیر از سوی تورانیان در روایت اساطیری آرش برای تعیین مرز خود با ایران در اصل جز تحقیر ایرانیان پیام دیگری در بر نداشت.

ایران کشوری نوبنیاد نیست و بود و نبودش را، گرفت و گیر مرزهایش را، استعمارگر معین و بر روی نقشه‌ی جهان ترسیم نکرده است. اگر برای فرانسویان فرانسه یک «شخص» است، عمر این شخص به زحمت به چهارصد سال می‌رسد؛ در حالی‌که بر واقعیت ایران، و ایران همچون یک واقعیت، عمری به درازای قرن‌ها گذشته است. این درست است که تاریخ‌نگاران و باستان‌شناسان غربی با دستاوردهای خود آگاهی از «گذشته‌ای باستانی» را برای ناسیونالیسم ایرانی به ویژه در عصر پهلوی اول فراهم آورده بودند، اما این گذشته‌ی باستانی چندین قرن پیش از دوران استعماری همچون پادزهری در برابر دو تهدید ویرانگر نابسامانی در «درون» و هجوم و استیلای بیگانه از «برون» بر صفحات شاهنامه رقم خورده بود. از متون تاریخی و جغرافیایی که بگذریم، می‌بینیم که موجودیتی به نام ایران با نام ولایات و شهرهایش در منظومه‌ای که داستان عاشقانه‌ای را از عصر پارتی بازتاب می‌دهد (ویس و رامین)، تعینی نگاشته پیدا کرده است:

چونام او شنیدند آمدند باز

زکوهستان و خوزستان و شیراز

...

[12] Abbas Amanat: "Iranian Identity Boundaries" in *Iran Facing Others*, A. Amanat and F. Vejdani, ed. (New York, Palgrave, 2012), P. 23.
[13] با دخل و تصرفی در این جمله‌ی دریدا «گذشته‌ای که هرگز زمان حال نبوده است و نخواهد بود.» **(حواشی فلسفه)**

گزیده هرچه در ایران بزرگان

از آذربایگان وز ری و گرگان

...

همیدون از خراسان و کهستان

زشیراز و صفاهان و دهستان

جالب و در این روزها شایان ذکر اینکه، با نگاهی به فهرست ولایات در این مصراع‌ها می‌توان دید که «خوزستان» نامی جعل شده در عصر رضا شاه برای بازنامیدن قسمتی از سرزمین ایران نبوده است. این تکه از خاک ایران دست کم از زمان سرایش ویس و رامین به همین نام خوزستان نامیده می‌شده است. نام اصلی آن همین بوده است. با روی آوردن به متونی همچون ویس و رامین یا شاهنامه است که می‌توان گفت این مفهوم ایران به عنوان یک ملیت نیست که «تصنعی» است، بلکه پریدن از تخته‌ی «ناسیونالیسم» نو به ژرفای تاریخی یک حس ملی است که در عالم نظر حرکتی تصنعی می‌نماید.

ایران برخلاف بسیاری از کشورهای نوبنیاد در رویارویی با اندیشه‌ی ناسیونالیسم ناچار نبود روایتی را به عنوان پیشینه‌ی هویت ملی خود «اختراع» کند. اگر ایران در اروپا واقع شده بود برای هابسبام، بدون شاید و اما، ملتی تاریخی محسوب می شد. [۱۴] هویت ملی ایرانی پیش از آشنایی نخبگان فکری جامعه با مقوله‌ی ناسیونالیسم اروپایی در اشکال ویژه‌ی خود به صورت روایت‌های تکامل یافته‌ی تاریخی و فرهنگی پیشاپیش موجود بود. [۱۵] در متن ادب فارسی ایرانیت مفهومی قدیم بود و بر این قدمت خود اشعار داشت. حتا از نگاهی مارکس‌گرا، می‌توان گفت که ما باید در جستجوی تاریخی از آنِ خودِ ایران باشیم تا بتوانیم صورت‌بندی‌های اجتماعی را در این تاریخ و در ارتباط با صورت‌بندی ملی تشریح و تبیین کنیم. نگرش پسااستعمارگرا در روایت ایرانی که گاه با «امت‌گرایی» اسلام و «پان اسلامیسم» نو در برخورد با ملیت ایرانی همصدایی حزن انگیزی پیدا می‌کند، چنان مجذوب تقابل‌های برساخته‌اش از شرق در برابر غرب؛ استعمارگر در برابر استعمارزده؛ متروپل دربرابر پیرامون، و در یک کلام، چنان مجذوب خوانده‌هایش از نظریه‌پردازان کشورهای سابقاً مستعمره است که نمی‌تواند روندهای بینابینی؛ و یا، وضعیت‌هایی که نه این است نه آن، و یا این هم این است هم آن را در روند خاص شکل‌گیری ملیت‌ها و از جمله ملیت ایرانی در نظر بگیرد.

---

[۱۴] نکته‌ای به نقل از آجودانی، همانجا.

[۱۵] احمد اشرف، **هویت ایرانی: از دوران باستان تا پایان پهلوی**، ترجمه‌ی حمید احمدی (نشر نی،۱۳۹۵) ص. ۲۲۴

بازهم از نگاهی مارکس‌گرا می‌توان گفت که هر ملتی به مفهوم مدرن محصولی از استعمار بوده است و ملت‌های نو به درجات هم استعمارگر بوده‌اند و هم استعمارشده و گاه «این هردو در یک زمان واحد.»[16] ناسیونالیسم اقتدارگرای دوران پهلوی اول که معمولاً مایه‌ی اصلی تخلیط نگرش‌هایی از این نوع است، همچون دیگر اشکال ملی‌گرایی ازین قاعده مستثنا نبود. این ناسیونالیسم ایرانی نیز «چهره‌ای دوگانه»[17] داشت، هم اقتدارگرا می‌بود هم جمع‌گرا. معلوم نیست که چرا نگرش‌هایی ازین دست در پرداختن به مورد ایران به دنبال صور ناب و همگن و ذات امور و اشیاء می گردند. از نگرش یاد شده ایران به علت وجود زبان‌ها و نیمه زبان‌ها و قومیت‌های سرکوب شده هرگز موجودیتی واقعی و تام و تمام به عنوان یک ملت نبوده است. ما می توانیم در پاسخ از زبان رنان یادآور شویم که چگونه است که سوییس به رغم داشتن سه زبان، دو مذهب و سه یا چهار نژاد [کذا در اصل] یک ملت است؛ درحالی‌که، توسکانی با داشتن ترکیبی کاملاً متفاوت، همگون به لحاظ زبان، مذهب و نژاد یک ملت نبوده است؟[18] برگردیم به زمان کنونی و این پرسش را طرح کنیم که کدام ملیت را امروز می توان یافت که به لحاظ زبانی، قومی و مذهبی کلیتی همگن باشد؟ نمونه‌ای از جامعه‌ای یکپارچه و همگن را شاید مردم‌شناسان به کمک باستان‌شناسان در آینده از بقایای جوامع اولیه بتوانند برای ما کشف کنند.

مشکل اساسی این نگرش پسااستعمارگرا و مشابهات آن مخدوش کردن یا نادیدن دو جایگاه ذهنیتی متفاوت است. ایران هرگز مستعمره نبوده است و جایگاه ذهنیتی مردمانش در رویارویی با غرب، مدرنیته، و استعمار با جایگاه ذهنیتی مردم مستعمرات سابق تفاوت‌های اساسی دارد. حتا با وجود اذعان به این‌که «ایران رسماً مستعمره نبوده است»، اما در گرته‌برداری‌های نگرش یاد شده از منابع نظری پسااستعمارگرا، ما به کاربست این واقعیت در تبیین جایگاه خاص و مشخص ذهنیتی ایرانی نسبت به استعمارگر برنمی‌خوریم. حضور فیزیکی استعمارگر با پرچم و دفتر تنها به صورت یک کلنی بسته در دوره‌ای محدود در جنوب ایران آن هم برای مردم محلی ملموس و مشهود بوده است. فرق است میان دیدن حضور فیزیکی استعمارگر در کوچه و خیابان، در مدرسه و دادگاه... و تجربه‌ی دخالت استعمارگر به صورت دستی پنهان در پستوی خانه. اگر بپذیریم که تنها یک صورت «بورژوازی» وجود ندارد، باید این را نیز بپذیریم که تنها یک صورت «ناسیونالیسم» هم وجود نداشته است. در کشورهای پیرامونی، ملی گرایی مصدق یا گاندی به عنوان دو آرمان رهایی‌بخش خود را در برابر استعمار

---

[16] Balibar, 89
[17] Janus–faced
[18] Ernest Renan: "What is a Nation" in *Nation and Narration*, Homi K. Bhabha ed. (Rutledge, 1990), PP. 8-23.

متروپل تعریف کرده‌اند. فرق است میان ملی‌گرایی چرچیل یا موسولینی با ملی‌گرایی رضاشاه و کمال آتاتورک، «من برای گرسنگان می‌جنگم شما با گرسنگان».[19]

جای‌دادن ملی‌گرایی مشروطه هم‌سطح با مطالبات دیگر آن انقلاب همچون عدالت‌خواهی و آزادی‌خواهی و ... در واقع پر کردن مظروف با ظرف است! از سوی دیگر، فروکاستن ناسیونالیسم ایرانی در عصر رضا شاه را تا صرف خواست سرمایه داری ملی و بعدها وابسته (سرمایه‌داری بی‌وطن)، نادیده گرفتن همان مطالبات مشروطه است. دست‌کم تاریخ تحولات ایران در این چند دهه‌ی اخیر که این تنها سرمایه نیست که وطن ندارد! تحولاتی که هم به لحاظ زیربنایی و هم روبنایی در دوره‌ی پهلوی اول در جامعه‌ی ایرانی پدید آمد در واقع تحقق بخشی از مطالبات خود انقلاب مشروطه بود. ملی‌گرایی فقط بلاغیات ایدئولوژیک حکومت نبود، بلکه آنچه ساخته شد، و صورت مادی یافت، پایه‌های ایران همچون یک ملیت و دولت‌ـ‌ملتی نوین به نام ایران را ریخت. عکسی از رضا شاه در قاب پنجره‌ای از قطار سرتاسری در کنار ولیعهد گویای این لحظه‌ی تاریخی‌ست. او با لبخند به ساعتش نگاه می‌کند و چهره‌اش نشان می دهد که از رسیدن قطار به ایستگاه درست سر ساعتی معین خشنود است. در این عکس «ساعت» و «قطار سراسری» همچون دو عنصر زیربنایی سازنده‌ی ملیت ایرانی به مفهوم مدرن هردو باهم دیده می‌شوند. احداث راه آهن سرتاسری بدون یک شاهی وام خارجی، که استعمار در آن نقشی نداشت و در آغاز ناباورانه به آن می‌نگریست، در اصل یکی از آرزوهای کنشگران انقلاب مشروطه بود.[20] خطوط سرتاسری آهن، و ملازم آن، ساعت مدرن، برای نخستین بار تصوری از پهنه‌ی جغرافیایی ایران به عنوان کشوری یکپارچه را، ونه به صورت «ممالک محروسه» در زمانی فراگیر در اذهان فراهم آورد و این دو عنصر در کنار گسترش نهاد آموزشی سکولار درکی تازه از ایران به عنوان ملت را ممکن ساخت.[21]

رضا شاه در قاب پنجره‌ی راه‌آهن سرتاسری ایران (احداث ۱۳۰۶ ـ۱۳۱۷ه.ش.)

---

¹⁹ سخن معروف کمال آتاتورک خطاب به موسولینی.

²⁰ احداث راه آهن (و بعدها احداث ذوب آهن) نه تنها خواست ترقی‌خواهان دموکرات ایرانی بود، بلکه شاهزده‌ی مستبدی همچون ظل‌السلطان هم در خاطرات خود آن را تنها راه حل مشکلات اقتصادی و سیاسی مردم می‌دانست.

²¹ درباره‌ی اهمیت مدرسه و آموزش نوین در شکل‌گیری ملیت نگاه‌کنید به بالیبار، همانجا.

گسستگی موضوع یا نگرشی گسسته؟

«...اما آیا فقط منافع است که ملتی را به وجود آورد؟ من چنین فکر نمی‌کنم»

ـ ارنست رنان : رساله‌ی «ملیت چیست؟»

در پاسخ به این نگرش«یونیورسالیست» پسا استعمارگرا چه داریم بگوییم که با تأکید بر گسستگی‌های تاریخی ایران منکر ایرانیت همچون تداومی از یک ذهنیت در زمان می‌شود؟ آیا چنین برخوردی خود از نوعی «گسسته خردی» [22] برنمی‌خیزد؟ و اگر چنین نیست، آیا ما به واقع با تکه‌پاره‌هایی گسسته و ناپیوسته و بی‌ارتباط به عنوان تاریخ یک ملیت سروکار داریم؟ این نگرش و مشابهات آن گسستگی تاریخی ایران را ضعیف‌ترین حلقه در زنجیره‌ی هویت ایرانی برای انتقاد به اصطلاح رادیکال خود یافته‌اند.

از این نگرش پسااستعمارگرا آنگاه که یونانیان در کار فلسفیدن بودند (استثنایی در میان تمدن‌های همزمان‌شان)، ایرانیان جز در فکر کشور گشایی نبودند. حتا خنده‌دار هم نیست وقتی که در چنین خوانشی از تاریخ ایران فتح بابل به دست کوروش با حمله‌ی جرج بوش برای «رها سازی» عراق مماثلت پیدا می‌کند. همچنین می‌خوانیم که، از حمله‌ی اعرابِ مسلمان به این سو موجودیت ایران فقط به عنوان بخشی از قلمرو خلافت اسلامی شناخته می‌شد و از آن پس خاک ایران قلمرو حکمرانان غز و ترک و مغول می‌بود و از سده‌های جدید نیز ایران «در سرنوشت دیگر کشورهای مستعمره شریک شد بی‌آنکه رسماً مستعمره باشد.» [23] می‌توان پرسید که کدام ملت را سراغ داریم در جهان کنونی که در پشت سر خود تاریخی پیوسته، مدون و چند هزار ساله داشته باشد؟ تاریخ بعضی ملت‌های حاضر نشان می‌دهد که همه دودمان‌های پادشاهی آن‌ها بومی کشورشان نبوده‌اند (انگلستان). امروزه فرانسوی‌ها لزومی بدان نمی‌بینند که از عهد باستان هم خود را یک ملت بپندارند؛ و یا در خور یادآوری است که، ایران کشور اندونزی نیست که رشته‌ی پیوندِ ملیِ بخش‌ها و مناطق پراکنده‌ی آن را تنها پیشینه‌ی استعماری آن‌ها تشکیل داده باشد. آنچه در این نگرش پسااستعمارگرایانه درخور توجه است، همصدایی آن با «امت‌گرایی» اسلامی یا اسلام سیاسی شیعی در دوره‌بندیِ دل‌بخواهی تاریخ ایران است؛ اینکه، ایران به عنوان یک ملیت یا تمدن «اصولاً پس از حمله اعراب به وجود آمد.» [24]

---

[22] تعبیری از جواد طباطبایی در «روشنفکران علیه ایران»، **سیاستنامه**، خرداد و تیر ۱۳۹۵.

[23] Dabashi, 24

[24] شریعتی: **بازگشت به خویش**، به نقل از طباطبایی، منبع پیش‌گفته.

امتگرایی اسلامی از دیر باز و در اشکال کنونی آن به صورت پان‌اسلامیسم شیعی و به‌خصوص در نیم قرن اخیر در نوع انقلابی‌اش «اسلام ایدئولوژیک» که پیوسته نمک ایرانیت را خورده اما هربار نمکدان را شکسته، حتا از تاریخچه‌ی پیدایش و خاستگاه‌های خود هم در ایران غافل است یا تظاهر به غفلت می‌کند. سطور زیر از علی مطهری رویکرد اسلام ایدئولوژیک را در قبال «ملیت» به کوتاه‌ترین سخن صورت‌بندی کرده است:

گذشته از اینکه فکر ملیت‌پرستی برخلاف اصول تعلیماتی اسلامی است...این فکر مانع بزرگی است برای وحدت مسلمانان... ما به حکم آنکه پیرو یک آیین و مسلک و یک ایدئولوژی [کذا در اصل!] به نام اسلام هستیم که در آن عنصر قومیت و ملیت وجود ندارد، نمی‌توانیم نسبت به جریان‌هایی که بر ضد این ایدئولوژی، تحت نام و عنوان ملیت و قومیت صورت می‌گیرد، بی‌تفاوت بمانیم. [۲۵]

بازتاب این نگرش را در عمل در حرکت شکست خورده‌ی قاضی شرع، خلخالی، در تخریب تخت جمشید در اوایل انقلاب می‌توان دید. تخریب تخت جمشید به لحاظ هویت‌زدایی و نفی و امحای هرآنچه اسلامی نبود با حرکت طالبان سال‌ها بعد در تخریب تندیسه‌های بودا در بامیان قابل مقایسه است. هردو حرکت هرچند با بلاغیات متفاوت (شیعه، سنی) و در دو نقطه‌ی جغرافیایی- تاریخی متفاوت، اما آبشخور ایدئولوژیک یکسانی داشته‌اند.

با حمله‌ی اعراب به ایران اما پیوند ایرانی با گذشته‌ی خود یکباره گسسته نشد. گسستی بنیادین اگر رخ داده بود، شاهنامه‌ای هم در کار نبود و ایرانیان یکباره به زبان عربی سخن می‌گفتند. حتا می‌بینیم که در سده‌های هفت و هشت هجری جنبش‌های ایرانی و حتا گرایش‌های شیعی آغازین همچون جنبش کیسانیه نه تنها از گذشته‌ی ایرانی خود آگاه بودند، بلکه در برگرفتن عناصری از باورهای زنادقه با هم اشتراک داشتند. [۲۶] در قلب آرمانگرایی شیعه، اسطوره‌ی کربلا، ترکیب هویت‌سازی از آیین و خاطره، مرهون ایرانیت است. اما این اسطوره پیوسته میان «خاطره‌ای آیینی شده» [۲۷] و یا آیینی تاریخی شده سرگردان مانده است. از بدبیاری آن اینکه، در دوران افول فرهنگ و اندیشه‌ی ایرانی ساخته و پرورانده شده است. در نتیجه، این اسطوره هرگز به ادب کانونی ایران راه نیافت و تا هماکنون نیز بلاغیات آن در شکل نوحه در حد فولکلور ادبیات باقی مانده است. حتا آنگاه که بر این اسطوره کسوت نظریه‌ای انقلابی پوشاندند،

---

[۲۵] علی مطهری: **خدمات متقابل** ...، به نقل از شاهرخ مسکوب: **هویت ایرانی و زبان فارسی** (تهران، فرزان، ۱۳۸۵)، ص. ۱۴۰

[26] Amanat, P.6

[۲۷] تعبیر «خاطره‌ی آیینی شده» از رژی دبره است در **مارکسیزم و مسئله‌ی ملی** : *New left Review*, Sept-Oct. 1977.

آن نظریه هم در حد فولکلور نظریه باقی ماند. از این اسطوره تاروپود ایرانی‌اش (خاطره) را جدا کنید، از آن به جز یک «روایت» متناقض تاریخی چه می‌ماند؟

آری، و این واقعیتی است که ایران نه همیشه همانی بوده که اکنون روی نقشه است. تاریخ ایران آکنده از گسست‌ها و پراکندگی‌ها، فروپاشی‌ها و باز سربرآوردن‌هاست. ایران جایی بیرون از این گسستگی‌های زمانی و پراکندگی‌های مکانی واقع نشده است. حال با در نظر گرفتن این واقعیت تاریخی انکارناپذیر آیا می‌توان ایرانیت را همچون تداومی از یک ذهنیت باز تعریف کرد؟ اگر اساس ملیت را مشارکت افراد یک جامعه در بسیاری از امور و چیزها بدانیم، همزمان باید بپذیریم که در تحقق این مشارکت امور و چیزهای متغایر و گاه متناقض دیگری هم بوده‌اند که از یاد رفته‌اند. ایرانیت در این بستره‌ی زمانی و مکانی عرصه‌ی مدام یاد و فراموشی است. در این عرصه، یا به سخن دیگر، در این بازی‌گاهِ «یاد» و «فراموشی»[28]است که ملیت ایرانی را، همچون دیگر ملیت‌های پیشینه‌دار، می‌توان در دو محور کانون‌گرا و کانون‌گریز توضیح داد.

در محور کانون‌گرا، در بعد زمانی، ایران با وجود مردمانی ناهمرنگ به لحاظ قومی یا زبانی و یا مذهبی هرچند به صورتی منقطع، اما موجودیتی واحد را به گردِ نهادِ پادشاهی تشکیل داده است. این محوریت کانونی گاه اتفاق افتاده که تنها بخش‌های کوچکی از سرزمین ایرانی را در بر می‌گرفته است؛ و واقعیت دیگر اینکه، اقتدار کانون چه در گذشته و چه در دوران دولت ملت نوین ایرانی گاه جز با سرکوب پیرامون به دست نیامده است. ایران در این محور در واقع تاریخی از تنش‌ها میان کانون و پیرامون است. بازتاب این تنش را می‌توان در شاهنامه و در داستان رستم و سهراب دید. در این سوگنامه‌ی حماسی سرانجام با قربانی شدن پسر به دست پدر است که توازن میان رستم به نمایندگی از سوی کانون (در حالی‌که خاستگاه خود او نیز در پیرامون «سیستان» است) و سهراب (پسر) از پیرامون به سود کانون (نهاد پادشاهی) برقرار می‌شود و یکپارچگی سرزمینی ایران تضمین می‌گردد.[29] می‌توان گفت که حتا اگر پدر از هویت فرزند نیز آگاه می‌شد باز او را می‌کشت.[30] هویت پسر باید فراموش می‌شد تا آن یکپارچگی به گرد کانون به دست آید. در این داستان بازوبند سهراب نه تنها استعاره‌ای از یاد است که هم در عین حال استعاره‌ای از فراموشی است. در محور کانون‌گرا موجودیتی برای ایران بدون در نظر گرفتن عنصر «فراموشی» قابل تصور نیست.

عجب آنکه، امروزه در برجسته‌کردن این تنش به‌خصوص با توجه به تبعیض‌ها، بی‌عدالتی‌ها و سرکوب‌هایی که آپارتاید مذهبی حاکم بر مردمان ایرانی روا

---

[28] با نگاهی به رنان که می‌گوید ملیت از گذار یاد و فراموشی است که خود را تعریف می‌کند.

29 Amanat, 4

[30]شاهرخ مسکوب: **درس‌گفتارهای شاهنامه**، نسخه‌ی اینترنتی، شماره‌ی ۳

داشته و می‌دارد، و در کژ و کوژ دیدن ایران در آن محور دیگر (در محور کانون‌گریز که بدان خواهیم پرداخت)، نگرش پسا استعمارگرا در تحلیل نهایی خود، ناآگاهانه و یا آگاهانه، همانی را تجویز می‌کند که ظاهراً قطب مخالف نظری او (برنارد لوییس) با لحنی نواستعماری در باره‌ی کشوری پیرامونئ همچون ایران تجویز کرده است: «اگر کشورهایی همچون ایران با دستاویزهایشان (بخوانید جدایی‌خواهی‌های قومی، زبانی، مذهبی) به حال خود گذاشته شوند فرو می‌پاشند و در اجزای قبیله‌ای و قومی خود سرشکن خواهند شد.»[31] یعنی هم‌آنچه در عراق رخ داد و ما به چشم خود دیدیم. نگرش پسااستعمارگرا آن‌گاه که به مقابله با دیدگاه‌هایی «نواستعماری» از نوع برنارد لوییس می‌پردازد، ویژگی‌هایی را از مردم ایران در طول تاریخ به عنوان عناصری هویت‌ساز و وحدت‌بخش برمی‌شمرد از جمله «مقاومت ضد استعماری» تلاش در جهت رسیدن به «مدرنیتی ضد استعماری» و یا به طور کلی «مقاومت» در برابر «قدرت»؛ «اراده‌ی جمعی» و در بعد فرهنگی «هیومانیسم ادبی» ایرانی. مشکل در اینجا خود این مفاهیم نیستند. آری، می‌توان چهارچوب‌های نظری یا مفهومی را از مکاتب و نحله‌های فکری معاصر گرفت و آن‌ها را به کار بست، اما مشکل بر سر کاربست سطحی و دلبخواهی آن‌هاست.

اگر لفافه بلاغیات و طمطراق نثر دانشگاهی نگرش پسااستعمارگرای یاد شده را کنار بزنیم از آن فقط جز کلی‌گویی‌های احساسی و نامرتبط در قالب رفتارهایی نابهنگامین[32] با موضوع چه خواهد ماند؟ برای نمونه می‌توان روی مفهوم «اراده‌ی جمعی» به کار رفته در این نگرش انگشت گذاشت و پرسید آیا این اراده در برپاداشت همه‌ی ملت‌ها، کهن و نو، دخیل بوده یا تنها به مردم ایران اختصاص داشته است؟ حتا اگر «اراده‌ی جمعی» را به مفهوم خاص و اصطلاحی آن در نظر بگیریم، این همان ایده‌ی کلی بود که فوکو شیفته‌ی تحقق آن در انقلاب ایران شده بود بدون اینکه روندهای دیگر محلی دخیل در ماجرا را در آن حالت شیفتگی دیده باشد.[33] نیازی به یادآوری نیست که یکی از آبشخورهای نظری نگرش پسااستعمارگرا فوکو و دیدگاه‌های او بوده است. از این رو است که در روایت ایرانی پسااستعمارگرا به کاربست‌های دیگری نیز از مفاهیم فوکویی همچون «قدرت» و «مقاومت» برمی‌خوریم. «مقاومت» در برابر «قدرت»، آری، اما با نگاه به همان آرا و نظرات فوکو می‌پرسیم این تقابل در چه نوع مناسباتی رخ داده است؟ در چه زمانی و در کجا؟ ایرانیان در خلاء مقاومت نمی‌کردند. این مقاومت در برابر قدرتی بود که در هردوره‌ی تاریخی نام مشخصی و معینی به خود می‌گیرد. این روند یک‌باره با مقاومت در برابر غرب استعمارگر آغاز نشده بود. اگر به دیده‌ی «مقاومت/ قدرت» به تاریخ ایران بنگریم، آن‌گاه دیگر نمی‌توانیم ایران را در چند

---

[31] Dabashi, 25

[32] Anachronistic

[33] اصطلاح «اراده‌ی جمعی» collective will را فوکو در نگاهش به انقلاب ایران به‌کار برده است. نظریه‌ی «مقاومت/قدرت» و نیز «دانش‑قدرت» نیز از هم اوست که یکی از آبشخورهای دیدگاه پسااستعمارگرا را تشکیل می‌دهد به ویژه در **شرق‌شناسی** ادوارد سعید.

سده‌ی پس از حمله‌ی اعرابِ مسلمان یکسره و با خیال راحت «بخشی از خلافت اسلامی» قلمداد کنیم. این همان دورانی است که سرکوب‌های گسترده در آن خبر از مقاومت‌های گسترده می‌دهد. سرآغاز چنین دورانی را سخن آن برده‌ی صنعتگر ایرانی، کشنده‌ی خلیفه‌ی دوم، رقم می‌زند که با دیدن زنان و کودکان اسیر و در بند ایرانی که به مدینه می‌آوردند، می‌گریست و می‌گفت: «عمر جگر مرا خورد»... همچنین آنجا که نگرش یاد شده از عنصری وحدت‌ساز و هویت‌ساز در ادب پارسی با عنوان کلی «هیومانیسم ادبی» نام می‌برد، این پرسش پیش می‌آید که کدام «هیومانیسم» یا انسان‌گرایی ادبی؟ در چه زمانه‌ای؟ انسان‌گرایی فردوسی یا مولوی؟ حافظ یا سعدی؟.. مشکل بتوان هویت ملی ایرانی را با صِرف عاریه گرفتنِ چند اصطلاح یا چهارچوب نظری از نحله‌های پساساختارگرا توضیح داد و برداشتی اکنون‌زده را ناسنجیده به عمق گذشته‌ی یک ملت پرتاب نکرد.

نظم پریشان

در محورکانون‌گریز، ایران را به رغم پراکندگی در مکان می‌توان همچون یک مجموعیت فضایی در زمان دید. سرزمین ایران نه یک واحد جغرافیایی یکپارچه، بلکه یک واحه، یا دقیق‌تر بگوییم، مجموعه‌ای از واحه‌های پراکنده در مکان است؛ در این سو بیابان و در آن سو بیابان... [34] یا به سخن دیگر، ایران پیوسته همچون «جزیره»ای در میان دریایی دشمن‌خو بوده است. [35] این ایرانیت واحه‌ای را نه در قلمرو سلسله‌ها و نه در قلمرو جامعه‌ای دینی (ملت به مفهوم قدیم کلمه)، بلکه باید، و این را توضیح خواهیم داد، در قلمرو سخن فارسی «پرسفونیا»Persophonia سراغ گرفت. در این قلمرو است که ایرانیت پیوسته خود را با یاد می‌آورد. ایران در این محور قلمروی سیاسی نیست که دستخوش گسستگی‌ها و فروپاشی‌ها شده باشد، هرچند که گاهی واحه‌هایی از آن در طول زمان یکباره بر اثر پیشروی بیابان، هجوم بیابان‌گردان، ویران شده‌اند. برای این ایرانیت واحه‌ای نمی‌توان موقعیت مکانی مشخصی یافت و از آن در قالب «مرزهای جادویی» یا جاودانی سخن گفت. در ادبیات پارسی هر واحه هر دیار زادگاهی است و این چنین است که سمرقند نه تنها در این شعر از انوری که هنوز هم یک واحه‌ی ایرانی است و یا کل ایران است همچون یک واحه:

به سمرقند اگر بگذری ای باد سحر

نامه‌ی اهل خراسان به بر خاقان بر

---

[34] از سنگ‌نبشته‌ی داریوش در تخت جمشید.
[35] طباطبایی، همانجا

تا آنجا که می‌گوید:

نامه‌ای مطلع آن رنج تن و آفت جان

نامه‌ای مقطع آن درد دل و سوز جگر

...

کارها بسته بود بی‌شک در وقت و کنون

وقت آنست که راند سوی ایران لشکر

چون شد از عدلش سرتاسر توران آباد

کی روا دارد ایران را ویران یکسر

همچنین است دیار زادگاهی بلخ، این کهن‌ترین شهر ایرانی، آن‌چنان‌که ناصر خسرو از تبعیدگاه یمگان آن را به یاد می‌آورد:

ای باد عصر اگر گذری بر دیار بلخ

بگذر به خانه من و آنجای جوی حال

بنگر که چون شده‌ست پس از من دیار من

با او چه کرد دهر جفاجوی بدفعال

از من بگوی چون برسانی سلام من

زی قوم من که نیست مرا خوب کار و حال

می‌توان گفت هر کدام از این واحه‌های جغرافیایی یک فضای فرهنگی است و واحه‌ها در مجموع، به رغم فاصله‌ی بیابان، در میان خود فضاهایی بینابینی را برای داد و ستد معنایی تشکیل داده‌اند. نوروز را تا هم اکنون کردها همزمان با دیگر مردمان فلات ایران جشن می‌گیرند، همچنان‌که واژه‌ی «آزادی» در همه گویش‌های آنان به لحاظ آوایی و معناشناختی با فارسی یکی است. با این حال می‌بینیم که حافظ با رفتن از یکی از این واحه‌ها به واحه‌ای دیگر دچار غم غربت می‌شود:

به یاد یار و دیار آن چنان بگریم زار.....

و نیز:

صبا بیار نسیمی زخاک شیرازم

و نباید تعجب کرد از اینکه مولوی در دیاسپورای عرفانی خود در قونیه، در ناهمزمانگی عصر خود، از آنچه در اثر ایلغار مغول بر سرِ هممیهنانش در خراسان بزرگ آمده، ویران شدن واحه‌ای ایرانی و کشتار باشندگانش، بی‌خبر است و از آن فاجعه کلمه‌ای برزبان نمی‌آورد. در همین حال می‌بینیم که سعدی، از سفر آفاقی خود به شیراز که برمی‌گردد، به شیراز همچون واحه‌ای سرسبز، به شیراز همچون یک «کشور» بازگشته است:

برون جستم از تنگ ترکان چو دیدم

جهان در هم افتاده چون موی زنگی

چو بازآمدم کشور آسوده دیدم

ز گرگان به در رفته آن تیز چنگی

درنگی در معنای واژه‌ی «کشور» در اینجا بایسته است. با اینکه «کشور» اغلب به معنای «اقلیم» در متون ادب کانونی فارسی به کار رفته، «هفت کشور» مثلاً در این بیت از فردوسی:

هم از هفت کشور بر او بر نشان
ز دهقان و از رزم گردنکشان

اما در خود سعدی به کشور همچون ناحیتی معین با حکومتی واحد برمی‌خوریم:

کشور آباد نگردد به دوشاه
بشکند از دو سپهبد دو سپاه

و در شاهنامه‌ی فردوسی نیز می‌بینیم که به دو گروه از مردم «لشکری» و «کشوری» زیر لوای یک پادشاهی اشارت دارد:

چنین گفت خسرو که بسیار گوی
نژند اختری بایدم سرخ موی
بپرداز اینگونه مردی برش
بخندید از او کشور و لشکرش

و یا در حافظ که «کشور» به معنای دیار و میهنی قصوی fictive است:

صبا اگر گذری افتدت به کشور دوست
بیار نفحه‌ای از گیسوی معنبر دوست

می‌توان در اینجا نقطه تلاقی‌ای را برای دو محور یاد شده استعار کرد و گفت ایران در تلاقی دو محور کانون‌گرا و کانون‌گریز ساحتی از تعلیق و تعلق به صورت مجموعیتی در عین پراکندگی است: «وحدتی فرهنگی بدون وحدت سیاسی، یگانگی در ریشه، و پراکندگی در شاخ و برگ...»[36] و برای اینکه متهم به تام‌نگری یا خاک‌پرستی نشویم، باید بی‌درنگ بیافزاییم که این تلاقی‌گاه اما یک «نا-جا»[37] به تعبیر دریدایی است. «درون» و «بیرون»ی نمی‌توان برای آن متصور شد. خطه‌ای از خاک و خاطره است که پیوسته در معرض دگرش[38] بوده است. واحه‌ای از سرو و گل، اما پیوسته در معرض بادهای سموم... از منظری ادبی این شگفت نیست اگر ما «نام-جای‌شناسی» مشخصی را در متن شاهنامه نمی‌توانیم پیدا کنیم که با واقعیت‌های جغرافیایی امروز همخوانی داشته باشد.[39] در هیچ متن ادبی این ویژگی ایرانیت، این مجموعیت در عین پریشانی، این مدنیت واحه‌ای، بهتر از شعر حافظ به تعریف درنیامده است، به فشرده‌ترین بیان مثلاً در استعاره‌ی زلف: «...کسب جمعیت از آن زلف پریشان کردم.» می‌توان گفت که غزل حافظ خود آینه‌ای تمام‌نما از وطن واحه‌ای ایرانی است. هر بیت در این غزل یک واحه‌ی جداگانه‌ی معنایی است در کنار بیت‌های دیگر (واحه‌های دیگر) که تمامیت معنایی خود را بیرون از خود و در همنشینی با ابیات دیگر در ساختار و در تلاقی دو محور عمودی و افقی غزل پیدا می‌کند.[40]

وطنِ واحه‌ای یا دیار زادگاهی در شعر و ادب پارسی از زبان جدا نیست. اگر سعدی را وطنی هست، این وطن شیراز است، اما همچنین در شعر او می‌بینیم که شیراز از آن رو وطن سعدی است که زیست‌بوم زبان اوست. در خاک معطر شیراز است که شاعر «به خویشتن دل» خود بازمی‌گردد. در دوری از شیراز می‌سراید:

---

[36] شاهرخ مسکوب: **هویت ایرانی و زبان فارسی** (تهران، فرزان، ۱۳۸۵)، ص۱۰

[37] non-site(non-lieu)

[38] Alteration

[39] «نام-جای شناسی» در برابر toponymy: «نام جای‌هایی که در شاهنامه بازتاب داشته‌اند با واقعیات جغرافیایی امروز هماهنگی و پیوستگی لازم را ندارند.» مرتضی تهامی و مراد کاویان پور «جای‌نام‌شناسی سرحدات ایران از منظر شاهنامه فردوسی»، **فصلنامه ژئوپولیتیک**، تابستان ۱۳۴۹، ص.۱۱۱.

[40] این نکته را با تفصیل بیشتر در داستان- مقامه‌ای با عنوان «مقامه‌ی میکده‌ی گرجی» نگارنده شرح داده است.

ای باد بهار عنبرین بوی

در پای لطافت تو می‌رم

چون می‌گذری به خاک شیراز

گـــو من به فلان زمین اسیرم

و آنگاه که پس از غربتی طولانی و پیمودن بر و بحر با «پای دیوانگی» به شیراز از «سر شوق» بازمی‌گردد، به زبان محبوب خود بازگشته است. این لحظه بازگشت لحظه‌ی جشن زبان است:

سعدی اینک به قدم رفت و به سر باز آمد

مفتی ملت اصحاب نظر باز آمد

فتنه شاهد و سودا زده باد بهار

عاشق نغمه مرغان سحر باز آمد

تا نپنداری کآشفتگی از سر بنهاد

تا نگویی که ز مستی به خبر بازآمد

دل بی‌خویشتن و خاطر شورانگیزش

همچنان یاوگی و تن به حضر بازآمد

سال‌ها رفت مگر عقل و سکون آموزد

تا چه آموخت کز آن شیفته‌تر بازآمد

عقل بین کز بر سیلاب غم عشق گریخت

عالمی گشت و به گرداب خطر بازآمد

تا بدانی که به دل نقطه پابرجا بود

که چو پرگار بگردید و به سر بازآمد

....

خاک شیراز همیشه گل خوشبوی دهد

لاجرم بلبل خوشگوی دگر بازآمد

پای دیوانگیش برد و سر شوق آورد

منزلت بین که به پا رفت و به سر بازآمد

میلش از شام به شیراز به خسرو مانست

که به اندیشه شیرین ز شکر بازآمد

در این شوق که مصرع به مصرع شعر را از خود سرشار کرده وطن و زبان از هم جدایی ناپذیرند؛ بازگشت در اینجا بازگشتی به واحه همچون وطن و به وطن همچون زبان است. حتا وطن آفاقی سعدی در گلستان نیز در نهایت از قلمرو این زبان بیرون نیست؛ سعدی نه می‌خواهد و نه می‌تواند از این وطن زبان بگریزد. زبان همچون بازنمود وطن را می‌توان حتا در مولوی نیز دید. برای او در وطن ناکجا و بی‌نامش، خانه‌ی دل اما در خانه‌ی «اینسو»یی زبان فارسی جای دارد.[41] سخن گفتن به فارسی خوش‌تر از هر زبانی دیگر برای او است. او و عارفان دیگر ایرانی در مقام وجد و حال، در «حرکت اسرار دل»، در عربی قرآنی آنی را نمی‌یافتند که در زبان فارسی می‌یافتند.[42] از منظری کلی‌تر می‌توان همصدا با مسکوب گفت که عرفان، این «پناهگاه روح ایرانی» با واژه‌های زبان فارسی ساخته شده بود.[43] زبان دوست در این عرفان فارسی می‌بود:

«در ایوان خانه‌ام خدا را دیدم؛ تمام جهان چون نوری درخشان سر ریز و عظیم به نظر می‌آمد. آنگاه از میان این نور او هفت بار مرا نامید و به زبان فارسی گفت، ای روزبهان! من تو را به دوستی برگزیده‌ام.»[44]

تلاقی‌گاه دو محور یاد شده‌ی کانون‌گرا/کانون‌گریز عرصه‌ای از دلالت‌های متکثر است که نه تنها در زبان واژگانی بلکه در زبان به مفهوم عام همچون فرهنگ و در همه ابعاد مادی (تجسمی) و معنوی آن نمود پیدا کرده است. در این روند دلالت‌سازی ما نمی‌توانیم نقش محور کانون گرا را نادیده بگیریم. در شکوفایی هنر و ادب ایرانی در ادوار مختلف اقتدار کانون نیز شرط بوده است. نوزایی هنر ایرانی در اصفهان عصر

---

[41] با نگاهی به این بیت از او درباره‌ی حدیث حب‌الوطن من‌الایمان:

از دم حب‌الوطن بگذر مه‌ایست   که وطن آنسوست جان اینسوی نیست

[42] مسکوب، ۱۶۵

[43] همانجا، ۱۷۹

[44] روزبهان: **شرح شطحیات**، به نقل از مسکوب، ۱۶۴

صفوی بدون استقرار حکومتی مقتدر در پایتخت میسر نمی‌بود. اما این روند دلالت‌سازی، حتا در غیاب اقتدار حکومتی در مرکز، در آن محور دیگر، به صورت زبان فارسی و فرادهش ادبی آن پیوستگی و جریان داشته است. ایرانیت همچون یک فرهنگ در زبان و ادبیات پارسی است که به مجموعیت می‌رسد. این زبان در تعیین‌بخشی به ملیت ایرانی عرصه‌ای گشوده بوده است، برخلاف نژاد که عرصه‌ای فروبسته است. این زبان هرگز بر هیچ قوم یا ملیتی دیگر تحمیل نشده است. هیچ قدرت مرکزی در ایران خاقانی و نظامی را وادار نکرده بود که شعرهای خود را به فارسی بسرایند، و فرسنگ‌ها دورتر از زادگاه این دو شاعر، در گوشه‌ای از جنوب شبه قاره‌ی هند، هیچ‌کس تیپو سلطان، آن شهید در جنگ با استعمار بریتانیا را، بر آن نداشته بود که خواب‌های خود را به فارسی بنویسد.[45]

به جرئت می‌توان گفت که حتا در «قلمرو مقدس»،[46] در قلمرو خلافت اسلامی، هویت ایرانی تا آنجا که به زبان فارسی برمی‌گردد، هویتی بود دچار شقاق. چنین هویتی هرگز نمی‌توانست با هویت تمام عیار «امت» متکلم به زبان عربی در دیگر سرزمین‌های اسلامی یکسان باشد. چنین است که از منظری تاریخی نیز در هیچ دوره‌ای ایران را نمی‌توان بخشی بلامعارض از قلمرو خلافت اسلامی دانست. ما در اینجا یکدستی جوامع مذهبی را نمی‌بینیم چنانکه در قلمروهای مقدس در اروپا یا سرزمین‌های عرب‌زبان مسلمان بود. ایرانیان سال‌ها پیش از اروپاییان، در سده‌ی چهارم هجری، متن مقدس «قرآن» را به زبان بومی خود ترجمه کرده بودند و در این ترجمه همچون هر ترجمه‌ای دیگر بسا چیزها که از اصل از دست رفته بود و بسا چیزها که به دست آمده بود که ربطی به «نص» یا اصل متن نداشت و خوانش خود آنان (تفاسیر عرفانی) می‌بود. نظر آندرسن را درباره‌ی زبان مقدس عربی در میان مسلمین نمی‌توان به ایرانیان تعمیم داد.[47] برخلاف برداشت او در این باره، باید گفت که زبان مقدس نه به عنوان «نشانه» که از اتفاق به صورت خود «لفظ» مبنای ارتباط ایرانیان با آن می‌بود. ایرانیان همواره به عنوان زبان مقدس متنی را خوانده‌اند که معنای آن را نمی‌فهمیده‌اند، «... مثل لغاتی که بدون مسئولیت فکری در خواب تکرار می‌کنند.»(بوف کور). ارتباط آن‌ها در واقع نه با متن که معطوف به خود ارتباط و از این طریق با مبدأ صدور سخن مقدس بوده است و نه خود آن سخن. عملکرد چنین ارتباطی را می‌توان از نوع «phatic»[48] به تعریف یاکوبسن دانست که در خواندن اوراد و ادعیه به غیر زبان مادری یا بومی صورت می‌گیرد. چنین است که با سربرآوردن دوباره‌ی زبان فارسی، این «قیمتی دُر

---

[45] نگاه کنید به پیوست ۱.

[46] «قلمرو مقدس» و «قلمرو دودمانی» را بندیکت آندرسن در منبع پیش‌گفته دو صورت از جوامع اروپایی پیش از شکل‌گیری جوامع ملی ذکر کرده است.

47 Anderson, 13

Phatic function[48] را در طبقه‌بندی یاکوبسن از عمل ارتباطی به نقش یا کارکر «صحبت گشایانه» ترجمه کرده‌اند که این برابر نهاده در زمینه مورد بحث چندان گویایی ندارد.

لفظ دری» (ناصر خسرو) در خراسان، این زبان به عنوان محمل یا رکن رکین ایرانیت، ساحتی از مقاومت، زبان همگان، زبان توده‌های پایینی (و نه دربارها و نخبگان مذهبی یا علمی) عمل می‌کرد:

و پس گفتم زمین ماست ایران

که بیش از مردمانش پارسی دان

وگر تازی کنم نیک نباشد

که هرکس را از او نیرو نباشد[49]

تیپو سلطان (۱۷۵۰ ـ ۱۷۹۹) مشهور به «ببر میسور»، قهرمان و شهید در جنگ با استعمار انگلیس در هند که خواب‌های خود را به فارسی می‌نوشت.

[49] از دیباچه‌ی دانش‌نامه (حکیم میسری ۳۶۷ ـ ۳۷۰ هجری) در علم پزشکی.

زبان ملیتی نوین

در دوران مدرن نیز می‌بینیم که زبان در تشکیل ملت‌ها نقشی اساسی داشته است و از راه زبان است که مردمان توانسته‌اند به کسوت یک ملت درآیند یا به عنوان یک فرد در ملتی پذیرفته شوند.[50] با پذیرفته شدن در چنین همبودگانی در واقع آدم‌ها در سرنوشتی تاریخی همباز می‌شوند. فرق میهن‌گرایی با نژادگرایی در همین جاست. میهن‌گرایی گرایشی به شدت تاریخی است؛ در حالی‌که، نژادگرایی پنداشتی ورا تاریخی است که به اصلیتی ورای زمان باور دارد.[51] می‌توان گفت ملیت ایرانی در دوران جدید نیز نماد زبان را (به تبع شکل‌گیری ملیت انقلابی در فرانسه) در قالب یک همسانی زبان‌شناختی برای تحقق وحدتی سیاسی در فهرست خواست‌های خود قرار داده بود. خطاست اگر تلاش برای تحقق چنین خواستی را فقط تا یک حد تحمیل سیاسی در دوران رضا شاه و یا بعدها تا حد پاره‌ای اقدامات تبعیض‌آمیز سیاسی زبانی از سوی دولت مرکزی در دوران جنگ سرد فرو بکاهیم. واقع آن است که زبان فارسی جایگاه خود را به عنوان «زبان چاپ» سال‌ها پیش از دوران پهلوی پیدا کرده بود و روزنامه‌ها و نشریات در تهران و شهرستان‌ها با این زبان بود که انتشار می‌یافت. در این باره ماشاءالله آجودانی می‌نویسد:

به همین جهت در ایران، زبان اصلی و عمومی روزنامه‌هایی که تا پیش از مشروطیت منتشر شده بودند، از روزنامه‌های میرزا صالح شیرازی (کاغذ اخبار)، و از «وقایع اتفاقیه» گرفته تا روزنامه‌هایی چون «روزنامه دولت علیه ایران»، روزنامه‌ی «ملتی» یا روزنامه‌ی «ملت سنیه ایران»، روزنامه‌ی «دولت ایران»، روزنامه‌های «وقایع عدلیه»، «نظامی»، «مریخ»، «شرف»، «تربیت» و روزنامه‌هایی که در شهرستان‌ها منتشر می‌شد، نظیر روزنامه‌ی «ملتی»، «تبریز»، «احتیاج»، «ادب»، «کمال» که در تبریز و روزنامه‌ی «فرهنگ» که در اصفهان منتشر می‌شدند فارسی بوده است و اگر یکی دو روزنامه چون «روزنامه علمیّه» در تهران که به سه زبان فارسی، عربی و فرانسوی و یا روزنامه‌ی «الفارس» در شیراز به زبان فارسی و عربی منتشر می‌شدند، بدان معنا نبود که زبان دیگری و در این مورد خاص عربی یا زبان‌هایی چون آذربایجانی و کردی و بلوچی را در ایران آن مایه و اعتبار می‌بود که می‌شد به آن زبان‌ها روزنامه‌ی عمومی منتشر کرد.[52]

---

[50] Anderson, 145
[51] Ibid., 149

[52] آجودانی، همانجا.

جایگاه زبان فارسی در میان دیگر زبان‌ها و خرده‌زبان‌های موجود در ایران نه آن‌چنان بوده است که همچون زبانی بیگانه بر دیگر جوامع زبانی تحمیل شده باشد. محمد امین رسول‌زاده سوسیال دمکرات و هوادار «پان‌ترکیسم» در سال ۱۹۰۹ (۱۲۸۸ شمسی) از ارومیه در گزارشی آورده است که «...روزنامه‌های ترکی قفقاز نیز در اینجا خریدار ندارد. اصلاً در اینجا ترکی خواندن متداول نیست. اگرچه همه ترک هستند اما ترکی نمی‌خوانند.»[53] سوای این و از میان شواهد تاریخی بسیار دیگر در این زمینه، سخن زیر از دکتر تقی ارانی (۱۲۸۲ ـ۱۳۱۸)، بنیانگذار و آموزگار مارکس‌گرایی علمی در ایران که خود زاده‌ی تبریز و زبان مادری‌اش ترکی می‌بود، در خور تأمل است:

... آقای روشنی بیک، تعجب می‌کند که دولت جوان ترک تمام مدارس خارجه را در عثمانی بسته ولی دبستان ایرانیان در اسلامبول به دست خود آذری‌ها مشغول تبلیغ زبان و تمدن ایرانی است. ما در اینجا از خود ایشان انصاف می‌خواهیم که در صورتی که اغلب همین آذری‌ها [ساکن قلمرو عثمانی] به زبان فارسی هم آشنا نبوده، در مهد ترک نشو و نما می‌کنند و پیشرفت‌های عثمانی را دیده، عقب‌ماندگی ایران را مشاهده می‌نمایند، آیا جز یک قلب پاک و احساسات سرشار چیز دیگری هم می‌تواند علت این تعصب در ایران‌دوستی و فداکاری در وطن‌پرستی بشود که تمام تحقیراتی را که ترک‌ها با اطلاق کلمه‌ی عجم و غیره به آن‌ها وارد می‌آورند، قبول کرده و باز با نهایت سربلندی و سرفرازی افتخار می‌کنند و خود را شرافتمند می‌دانند که ایرانی هستند... بلی آذربایجانی‌ها اگر زبان فارسی را هم ندانند مانند طفلی که زبان مادر خود را ندانسته، ولی علاقه‌ی روحی به او دارد خودشان را نثار خاک پاک مادر عزیز خود یعنی ایران خواهند نمود.[54]

در اینجا باید افزود که زبان فارسی همچون یکی از لوازم شکل گیری دولت‌ـ ملت ایرانی، زبانی نه متعلق به قومیتی خاص، بلکه به عنوان «زبان چاپ»، همچون دیگر زبان‌های ملی در دنیای امروز، همبودگانی نمادین را جایگزین همبودگانی قومیتی، قبیله‌ای و نژادی می‌کند. این زبان در جامعه‌ای ملی، بنا به تعریف، از حد کشمکش‌های طبقاتی،خرده فرهنگ‌ها، زبان‌ها و نیمه‌زبان‌های موجود فرامی‌رود تا بتواند ارتباطی را در سطحی وسیع تأمین کند. به طور ایده‌آل چنین زبانی افراد را به گرد خود می‌آورد، اما

---

[53]آجودانی، همانجا.

[54]نقل از مجله **فرنگستان**، چاپ برلین، شماره ۵ سال ۱۳۰۳ (۱۹۲٤) صفحات ۲۵٤ ـ۲٤۷ (نسخه‌ی اینترنتی آثار تقی ارانی).

کسی را در چنبره‌ی خود نگه نمی‌دارد. [55] و نکته‌ی دیگر اینکه، رسیدن زبان فارسی به جایگاه کنونی، یعنی زبان ارتباط ملی در ایران، نه یک‌شبه و خودسرانه، بلکه در یک روند ریشه‌دار تاریخی صورت پذیرفته که اکنون مگر به بهای زبان پریشی جمعی و هرج و مرجی ارتباطی در سطح ملی این روند بازگشت‌ناپذیر است.

شمایل سرو

اگر بپذیریم که ملیت هم به مفهوم مدرن و هم به مفهوم تاریخی یک نظام دلالی است، چنانکه اشاره شد، ایران همچون فضایی فرهنگی، تنها در دلالت‌های واژگانی نیست که بازنمود پیدا می‌کند. در دلالت‌های تصویری مثلاً نقش مایه‌ی درخت سرو، به ویژه سرو کوژ کرده در برابر بادهای سموم (نقش بته paisley)، اما هنوز ریشه در خاک (تعبیری از هوشنگ گلشیری)، بیانی از هویت ایرانی را می‌بینیم که در هنرهای تصویری و تجسمی ایران خود را تکرار می‌کند. رد و ریشه این نماد را می‌توان از زمان کاشتن سرو آزاد سایه گستر در «کشمر» در روایت شاهنامه:

... بدین سایه‌ی سرو بن بغنوید

تا سده‌ها پس از آن، در روایت‌های تاریخی برافتادن همان سرو در کاشمر و نیز سرو فریومد، یکی به دست اعراب و دیگری به دست ترکان، پی‌گرفت. روایت اخیر بازتابی از هویت سوگوار ایرانی را درخود دارد؛ و یا به تعبیری دیگر، بیانگر «اصل روحی یک ملت[56]» است. می‌توان با هوشنگ گلشیری هم صدا شد و گفت که خاستگاه شکل‌گیری نقش سرو و صورت خمیده‌ی آن در هنرهای ایرانی به صورت نقش‌مایه‌ای تکرار شونده به همین خاطره‌ی قطع دو سرو باستانی بازمی‌گردد. در داستانی از او (بره‌ی گمشده راعی) می‌خوانیم:

... و از آن وقت که این درخت کشته بودند تا بدین وقت هزار و چهارصد و پنج سال بود. می‌بینی؟ هر دو درخت هنوز بوده است. یکی به کاشمر و یکی به فریومد. فکرش را بکن با وجود دو قرن استیلای عرب هنوز چیزی ادامه داشته. آن هم سروهایی کشته‌ی زردشت. گشن بیخ. بسیار شاخ و به نسبت این حوزه‌ی فرهنگی گیریم که شعله‌ای در اجاقی. آن وقت... .

... صبر کن عین نقل ابوالحسن علی بن زید این است:

---

⁵⁵ Balibar, 99

[56] تعبیری از ارنست رنان، همانجا.

چو بیفتاد [سرو کاشمر] در آن حدود زمین بلرزید و کاریزها و بناهای بسیار خلل کرد و نماز شام انواع و اصناف مرغان بیامدند. چندان‌که آسمان پوشیده گشت و به انواع اصوات خویش نوحه و زاری می‌کردند بر وجهی که مردمان از آن تعجب کردند و گوسپندان که در ظلال آن آرام گرفتندی همچنان ناله و زاری آغاز کردند.

و همان‌جا درباره‌ی آن یکی سرو دیگر آورده است:

... می‌گویند ینالتگین تا ضرری به وی و حشم وی نرسد فرمود تا درخت را آتش بزنند. بله درست شنیدی. آتش بزنند. یعنی دو عنصر پرستیدنی کیش زردشتی را به جان هم انداختند و خود از میانه گریختند تا شومی قطع چنان سروی دامنشان نگیرد.

...

[راعی] ... انگشت بر بته‌ی جقه‌ی قالی گذاشته بود: از همان وقت است شاید که این سروهای خمیده را بر متن قالی‌هاشان نقش کرده‌اند. ببین انگار روی خودش خم شده باشد. یا شکسته باشد. [57]

با نظر به چنین پیشینه‌ای می‌توان پرسید آیا سرو در ادب و هنر ایرانی تنها نمادی از زیبایی و آزادگی بوده است؟ می‌توان همچون هنری دیوید تورو روایتی از درخت سرو را در ادبیات ایران (**گلستان**) به زیر سؤال برد و این پرسش را مطرح کرد که «چه رازی در این درخت نهفته است؟» [58] در شعر حافظ که همواره بر بن‌مایه‌های ایرانی در قالب استعاره یا نماد و تلمیح تأکید دارد، آمدن واژه‌ی سرو در بیت زیر اتفاقی و فقط به صورت استعاره‌ای از زیبایی نمی‌تواند باشد. همنشینی سرو و تابوت (مرگ) سوای زیبایی بر معنایی دیگر در ژرفای سخن دلالت دارد:

به روز واقعه تابوت ما ز سرو کنید

که می‌رویم به داغ بلند بالایی

---

[57] در این باره نگاه کنید به **بر‌و‌ی‌گمشده‌ی راعی** (تدفین زندگان) فصل سوم.

[58] Henry David Thoreau, the American author, poet, philosopher and the theorist of "Civil Disobedience" (1817-1862).

این معنا در **بوف کور** نیز، در بعد نمادین متن، خود را تکرار می‌کند. **بوف کور** هم، اگرچه به صورت روایتی مدرن، اما آکنده از همین بن‌مایه‌های تاریخی و فرهنگی ایرانی است:

ولی چیزی که غریب، چیزی‌که باورنکردنی است، نمی‌دانم چرا موضوع مجلس همه‌ی نقاشی‌های من از ابتدا یک جور و یک شکل بوده است. همیشه یک درخت سرو می‌کشیدم که زیرش پیرمردی قوز کرده شبیه جوکیان هندوستان عبا به خودش پیچیده، چنباتمه نشسته و دور سرش شالمه بسته بود و انگشت سبابه دست چپش را بحالت تعجب به لبش گذاشته بود. روبروی او دختری با لباس سیاه بلند خم شده به او گل نیلوفر تعارف می‌کرد.

... آیا این مجلس را من سابقاً دیده بودم، یا در خواب به من الهام شده بود؟ نمی‌دانم، فقط می‌دانم هر چه نقاشی می‌کردم همه‌اش همین مجلس و همین موضوع بود، دستم بدون اراده این تصویر را می‌کشید.

در هر دو متن می‌توان سرو را استعاره‌ای از یک فقدان دانست. فقدانی که در حافظ با استعاره‌ی «داغ» و در **بوف کور** با استعاره‌ی «زخم» ترادف‌های معناداری پیدا می‌کند.

در بازنمودی دیگر می‌توان این نظام دلالی را در ساختار باغ ایرانی و در بازتاب مضاعف آن در متن ادبی یافت. تشبیه ایران به باغ را ما نخست در شاهنامه است که می‌خوانیم:

که ایران چو باغی‌ست خرم بهار

شکفته همیشه گل کامکار

اگر بفکنی خیره دیوار باغ

چه باغ و چه دشت و چه دریا، چه راغ

نگر تا تو دیوار او نفکنی

دل و پشت ایرانیان نشکنی

کزان پس بود غارت و تاختن

خروش سواران و کین آختن

و در ناصر خسرو باغ همچون یک میهن - واحه:

باغی بود این که هر درختی زو

حری بودی و خوب کرداری

در هر چمنی نشسته دهقانی

این چون سمنی و آن چو گلناری

....

دیوی ره یافت اندر این بستان

بد فعلی و ریمنی و غداری

بشکست و بکند سرو آزاده

بنشاند به جای او سپیداری

ننشست ازان سپس در این بستان

جز کرگس مردهخوار، طیاری

باغ ایرانی، این «آفریدهی کهن شگفتانگیز» همچون یک «دگر-جا» [59] به تعبیر فوکو، محدودهای است که در خود فضاهای مادی و معنایی چندگانهای را در جوار همدیگر جای داده است [60]. باغ ایرانی را از این منظر میتوان بازنمایی مضاعف از وطن در واحه همچون وطن دانست. با این ویژگی میتوان ادعا کرد که برخلاف آنچه گفتهاند، باغ ایرانی پیش از آنکه نمادی از «بهشت» باشد، خُرد-جهانی [61] از کلان-جهان میهنواحهای ایرانی است. حتا میتوان گفت که «بهشت» خود نمودی از همین باغ است باژگون در آسمان که اصل زمینی آن همچون انگارهای آرمانی از وطن بر کنارهی بیابان و به دست خود آدمیان، مادیت یافته است. فریدون آنگاه که بر ضحاک پیروز میشود،

[59] Heterotopia

[60] نگاه کنید به:

Michel, Foucault, "Of Other Spaces" Diacritics 16 (Spring 1986), PP. 22-27.

[61] microcosm

این پیروزی او همچون باران، بر این میهن-واحه است که فرو می‌بارد، بر این تمامیت خرم جهان ایرانی، ایران همچون دل جهان:[62]

جهان را چو باران به بایستگی...

بیراه نیست اگر بگوییم که به لحاظ همین ویژگی جغرافیایی است که یاد ایران همیشه با عطر همراه بوده است: «ایرانشهر آباد و خوب بوی»(بندهشن، ۲۳، بند ۲۶). در این جغرافیای واحه‌ای، نقطه‌ای سرسبز بر کناره‌ی بیابان خشک است که گیاه و خاک نهایت عطر خود را می‌پراکنند: *گل سرخ اینجاست...*[63] این خُرد-جهان میهن ایرانی در کمال آرزوشده و نمادین آن و اغلب به همراه نقش سرو بر قالی ایرانی نیز بازنمود پیدا کرده است: قالی ایرانی همچون باغی که در «فضا می‌تواند به حرکت درآید.»[64]

حال در اینجا می‌توانیم بار دیگر به صحنه‌ی گفتگوی آن پژوهشگر مردم‌شناس با روستایی ایرانی در نقطه‌ای دور افتاده از خاک ایران باز گردیم و این پرسش که «ایران کجاست؟» را به یاد آوریم. آیا اگر پژوهشگر غزلی از حافظ را برای روستایی می‌خواند، آن روستایی همان‌قدر با موسیقی و کلام این شعر ناآشنا می‌بود که با نام «ایران»؟ یا آنکه لبخند می‌زد؟ می‌توان گفت و به جرئت می‌توان گفت که با شنیدن شعر حافظ لبخندی بر لبان آن روستایی نقش می‌بست؛ لبخندی از دل آغشتگی سوژه با ناخودآگاه زبان (به تعبیری لاکانی)؛ لبخندی از آشنایی به هنگام شنیدن واژه‌ها و ترنم وزن شعر حافظ حتا اگر همه نسخ دیوان را هم پیشاپیش سوزانده بودند.[65]

<hr>

[62] با نظر به این شعر نظامی گنجوی در **بهرام نامه**: همه عالم تن است و ایران دل   نیست گوینده زین قیاس خجل

[63] با نگاهی به این جمله مارکس «گل سرخ اینجاست، اینجا برقص!...» در *The Eighteenth Brumaire of Louis Napoleon*
که تحریف ریشخندآمیزی است از اصل یونانی این جمله:
Hic Rhodus, hic saltus’ (‘Rhodes is here, here is the place for your jump’) از «افسانه لافزن» اثر ازوپ. این معادل را در انگلیسی برای آن ذکر کرده‌اند:
Put your money where your mouth is!
[64] See Foucault’s “Of Other Spaces”.
[65] اشاره‌ای به این نکته است که موجودیت متن ادبی تنها در نمود مادی آن (صورت چاپی، صورت نوشتاری آن روی کاغذ) محدود نمی‌ماند.

۳۷

۲

وطن ناداشته؟

چگونه می‌توان در نبود چیزی که هرگز نبوده است سوگوار بود؟ در چه زبانی می‌توان سوگوار بود؟ اگر بگوییم ایران موجودیتی در «بیرون» از زبان نیست، آیا این سخن بدان معناست که این موجودیت یک جغرافیای موهوم است؟ این قلمرو قصوی یک ملت، این موضوع یک دلبستگی (ایرانیت)، در متن ادبی چگونه بازتاب یافته است؟ از کجا آغاز می‌شود و در کجا پایان می‌گیرد؟ مرز کجاست؟

در حرکتی از رفتن از اکنون به گذشته، از متن مدرن به متن «کانونی»، نمی‌توان از این نقطه آغاز نکرد که در زبان ادب، و در اسطوره نیز، فرقی میان «خانه» و «وطن» نیست. بدین معنا که، هر اثر ادبی حدیثی است از جستجویی (برای) یا واصل شدن (به) منزلگاهی مألوف. در ادبیات معاصر، از ادبیات عصر مشروطه که بگذریم (طلایه ادب مدرن فارسی)، در مدرنیسم ایرانی که از نیما و هدایت آغاز شد، اگر هدایت را مستثنا کنیم، باید بگوییم که به خصوص در دوره‌ی اوج این مدرنیسم در سال‌های چهل تا پنجاه، مفهوم وطن غایب بود. ایران بی‌نام و یا نامی شرمگینانه بود. شاعر تنها برای وطنی «مرده» مرثیه‌سرایی می‌کرد[66]. شعر شاملو «جخ امروز زاده نشده‌ام» اگرچه پس از ضربه‌ی انقلاب پنجاه و هفت سروده شده، اما در رفتار با مفهوم وطن در همان فضای سال‌های چهل تا پنجاه حرکت می‌کند. در این شعر نه از وطنی «مرده» که از وطنی نابوده سخن می‌رود:

کوچ غریب را به یاد آر

از غربتی به غربت دیگر[67]

این کوچ از کجا به کجا اتفاق افتاده است؟ راوی شعر از کجا رانده شده است؟ این غربتگاه‌ها، این منزلگاه‌های غربت در کجاها واقع شده‌اند؟ او، این صدای جمعی در شعر، اکنون در کجای زمان و مکان ایستاده است؛ با چه زبانی سوگوار است؟

---

[66] اخوان ثالث (م. امید) :
گویند که «امید و چه نومید!» ندانند
من مرثیه‌گوی وطن مرده‌ی خویشم
[67] متن کامل شعر شاملو به پیوست آورده شده است.

حتا اگر شعر را همچون روایتی از غربت در وطن بخوانیم، غربت در خانه‌ی خود، آن پرسش همچنان بر سرجای خود باقی است؛ اینکه، در نبود چیزی که هرگز نبوده است چگونه می‌توان به سوگ نشست؟ غربت همیشه دورافتادگی از جایی است و به مفهوم exile، به عنوان تجربه‌ای زیستی، همیشه با اشعاری بر وطن همراه است؛ همواره یوطن‌زبان است و یا به تعبیری زیبا «غربت وطن بیدار آدم است.»[68]. مفهوم غربت تنها آنگاه معنادار می‌شود که در تقابل با مفهوم وطن قرار گیرد. این تجربه زیستی در هیچ لحظه‌ای از یاد دیار مألوف (حتا به صورت خیالی) خالی و فارغ نیست. حدیث آن حدیث «با توایم و با تو نه ایم»[69] است. صدای جمعی «ما» در این شعر اما در کجا ایستاده وقتی که می‌گوید:

جخ امروز از مادر نزاده‌ام

نه

عمر جهان بر من گذشته است

نزدیک‌ترین خاطره‌ام خاطره‌ی قرن‌هاست...

ما در اینجا نه با روایتی شعری از تاریخ یک سرزمین که با جغرافیایی موهوم از یک غربت در شعر سروکار داریم. در این شعر به جای بردن یک زمان به درون زمان‌های دیگر «آن‌گونه فراروی» که به گفته‌ی براهنی از یک شعر مدرن جدی انتظار می‌رود، فقط به یک بازسازی کرونولوژیک رویدادهایی چند از تاریخ بسنده شده است؛ و در نتیجه «این شعر چنان تاریخی است که شک نداریم این شعر را *ساخته* است.»[70] حتا به لحاظ تاریخی نیز، در زنجیره‌ی تداعی‌های این شعر به صورت تلمیح‌هایی به یک «تاریخ»، می‌بینیم که تکه‌ای، یا تکه‌هایی از این تاریخ، از خاطره راوی حذف شده و سخنی از آن به میان نمی‌آید. این حذف تاریخ ایرانی از دایره تلمیحات و ملازمات متنی تنها در این شعر شاملو نیست که اتفاق می‌افتد. در شعر او، در آثار دیگرش به طور کلی، حتا آنجاها که از زبانی آرکائیک سود می‌گیرد، در کنار ارجاع به اساطیر مسیحی‌ـتوراتی، ما کمتر، یا به هیچ مضمونی برگرفته از اسطوره‌های ایرانی برنمی‌خوریم. از اینروست که زبان آرکائیک پیشنهادی او گاه زبانی است بازسازی شده

<hr>

[68] این تعبیر را از ناصر کاخساز گرفته‌ام:
http://nasserkakhsaz.blogspot.ca/2011/08/blog-post.html
[69] سعدی: «با توایم و با تو نه‌ایم اینت بالعجب در حلقه‌ایم با تو و چون حلقه بردریم» در خور توجه است که وضعیت‌های متقابل حضور و غیاب با حرف اضافه «و» و نه «اما» در این دو گزاره شعری آمده‌اند.
[70] رضا براهنی، **خطاب به پروانه‌ها**، (نشرمرکز، ۱۳۷۴) ص. ۱۵۸.

و نه بازآفریده شده که رفتار شاعر در آن با «آرکه» از حد قاموسی lexical و برای جا انداختن نوعی لحن بیشتر نمی‌رود. کهنی است که به سود اکنون مصادره شده است. تاریخ در اینجا، در این شعر نیز، عامدانه از «فریب اعراب» آغاز می‌شود. ازین روست که هرچه در تاریخیت این شعر بیشتر دقیق شویم شعر تاریخیت خود را بیشتر از دست می‌دهد:

به یا آر

که تاریخ ما بی‌قراری بود...

آیا می‌توان این شعر را همچون روایتی سوگوار از هویت ایرانی باز خواند؟ می‌توان مرثیه‌گوی وطنی مرده بود[71]، اما در این شعر، در این آمیزه‌ی زبان کوچه و آرکائیک، مفهوم وطن به کجا برمی‌گردد؟ و در مرگ چیزی یا «او»یی که هرگز نبوده و هیچ خاطره‌ای از آن در خودآگاه ذات سوگوار نیست، چگونه می‌توان سوگوار بود؟ شعر پاسخی برای این پرسش ندارد و با سکوت در برابر آن فقط بر آن است که به گفته براهنی «فرا روایت» خود را از تاریخ القا کند.[72] تعریف براهنی از این فراروایت «گرفتاری اجتماعی و تاریخی ما» به کنار، در اینجا، در رفتار شاعر با مفهوم وطن در این شعر، ما با ذهنیتی به صورت یک عارضه روبروییم. این عارضه نیز به ویژه یکی از گرفتاری‌های ما در تاریخ ادبیات معاصر ایران بوده است. این را از فروید هنوز هم می‌توانیم بیاموزیم که در تبیینی از کار و عمل[73] سوگواری می‌گوید، «سوگواری یا ماتم کراراً معادل واکنش به از دست دادن یک عزیز، یا واکنش به از دست رفتنِ ایده‌ای تجریدی است که جایگزین او شده است، نظیر ایده سرزمین پدری [در اینجا بخوانید: سرزمین مادری، میهن]، آزادی، آرمان، و غیره.»[74] این سخن بدان معناست که ذهنیت سوگوار برآنچه از دست رفته همچون یک یاد اشعار دارد. عمل

---

[71] یادآور این شعر اخوان که می‌گوید من مرثیه‌گوی وطن مرده خویشم.

[72] براهنی این فرا روایت را «گرفتاری اجتماعی و تاریخی» ما تعریف می‌کند. همانجا

[73] کار و عمل راکه در موسیقی مصطلح است در برابر acts به کار برده‌ام : کار و عمل سوگواری، Acts of mourning.

[74] Mourning and Melancholi (The Standard Edition of the Complete Psychological Works of Sigmund Freud, Volume XIV 1914-1916).

این مقاله فروید «سوگواری و ماخولیا (مالیخولیا) » هنوز در زمینه خود برای اهل فن مرجعیت و اعتبار دارد.

در نقل قول‌ها از ترجمه‌ی مراد فرهادپور «ماتم و ماخولیا» استفاده کرده‌ام، اما «سوگواری» را (در اصل آلمانی: Trauer und Melancholie) بر معادل مترجم «ماتم» ترجیح داده‌ام. ترجمه مذکور از سایت زیر گرفته شده:

www.akhbar-rooz.com

سوگواری در واقع پذیرش مرگ یا غیاب آن چیز یا کسی است که در درون «من» سوگوار هنوز حی و حاضر است. در کار و عمل سوگواری این نکته نیز شایان دقت است، باز هم بنا بر نظر فروید، که جهان خالی و ناچیز می‌شود، اما ما در این شعر با سوژه‌ای روبروییم که خود خوار و خفیف گشته است یا چنین می‌پندارد. در این خاطره قرن‌های او هیچ نشانه‌ای از مقاومت در برابر شقاوت و سرکوب نیست جز اشاره‌ای مبهم بر «قرمطی» نامیدن شدن راوی جمعی در زمانه‌ای و قتل عام شدنش. از این روست که با سود جستن از فروید می‌توانیم بگوییم که ما در این شعر نه با نمودی از کنشی سوگوار که با عارضه‌ی «ماخولیا» به صورت «نوعی حس عمیق و دردناک اندوه» و «خسرانی ناآگاه» روبرو هستیم. در جریان این عارضه، برخلاف سوگواری، ابژه آرزوشده از آگاهی شخص رنجور زدوده شده و در سازوکاری از خرده گیری از خود، بر او چنان مشتبه می‌شود که قدر و منزلتی والاتر از آنچه اکنون دارد، هرگز نداشته و «انتقادش از خود را به گذشته‌ها نیز بسط می‌دهد.» ⁷⁵

به بیانی دقیق‌تر، ما در این شعر ادامه‌ی گونه‌ای ماخولیای روشنفکری را می‌بینیم که به صورت گفتمانی غالب از مدت‌ها پیش از سرودن این شعر بر فضای ادبیات معاصر ایران مستولی شده بود. ریشه‌های این عارضه را البته می‌توان، چنانکه گفته‌اند، در بحران هویتی جستجو کرد که جامعه ایرانی در مرحله‌ای از آستانگی (liminiality)، در کشاکش میان سنت با مدرن، بدان مبتلا شده بود. این اما همه ماجرا نیست و همه ابعاد عارضه را توضیح نمی‌دهد. ما در هیچ کجا و به ویژه در جهان پیرامونی به جامعه‌ای یکدست مدرن برنمی‌خوریم و به هیچ جامعه‌ای برنمی‌خوریم که مرحله‌ی گذار به مدرن را بدون بحران سپری کرده باشد. بحران در مرحله آستانگی جامعه ایرانی گریزناپذیر بود، اما این بحران خود نشان از زنده بودن جامعه می‌داد. جامعه‌ی مرده، همچون هر ارگانیسم مرده‌ی دیگری، دچار بحران نمی‌شود. هیچ توجیهی عقلایی برای شدت و حدت این ازخودبیگانگی سلبی دامنگیر ادبیات معاصر ایران در سال‌های پیش از انقلاب امروزه در دست نداریم. در جهش این ازخودبیگانگی سلبی به ماخولیایی جمعی دریافت خاص نویسندگان و شاعرانی ایرانی از سازمایه‌ها «مدرنیسم» اروپایی نیز نقش داشت. ریشه نفی و نادیده گرفتن حس ملی را، ستایش بی‌وطنی را، یا به سخنی عام‌تر، این بیان شرمگین از هویت ملی را، می‌توان در رفتار با بعضی از این سازمایه‌ها و در کاربست آن‌ها در متن ادب معاصر جستجو کرد.

مدرنیسم به عنوان جریانی ادبی و هنری از نیمه‌ی دوم قرن بیستم در اروپا و آمریکا شکل گرفت و چنانکه می‌دانیم از راه ترجمه‌ی آثار ادبی به فضای ادبی ایران راه یافت بدون آنکه در این روند زمینه‌های نظری این جریان آنگونه که باید و شاید دریافت و درونی (خودی) شده باشد. شاعر و نویسنده‌ی ایرانی می‌کوشید، و در این کوشش دستاوردهای مهم و دوران‌سازی نیز داشت، که تا به یکباره از گذشته، از کهنه (سنت)

---

⁷⁵ فروید، همانجا.

بگسلد. این حرکت به پیروی از یکی از آن سازوارههای ادب مدرن، بنیادینترین آنها، صورت میگرفت که شاعر آمریکایی، عزرا پاوند، زمانی آن را به کوتاهترین سخن چنین صورت بندی کرده بود: «سخن نو آر!...» [76] در حرکت نو آور و پیشتاز ادب معاصر ایران، بازنمایی هویت ملی یا دلبستگی میهنی نخست با بلاغیات ایدئولوژیک رژیم حاکم یکی دانسته شد و آنگاه پرداختن بدان به عنوان مضمونی غیر مترقی، کهنه، یکسره به جریانهای ادبی ارتجاعی (متصلبان در قالبهای غزل و قصیده و «مداحان رژیم») واگذار گردید و گاه نیز با برچسب «تفاخر و تخَرخُر به گذشته» [77] به سخره گرفته شد. این حرکت به موازات رفتار با دیگر سازوارهها یا مضامین مدرنیسم اروپایی صورت گرفته بود. در روایت ایرانی مدرنیسم میبینیم که غربت سوژه در متروپلهای صنعتی، «تایمز نفت و قیر» [78]، به صورت غریبگی دهاتیوار در برابر شهریت مدرن بازنموده میشود که در آرزوی بازگشت به خویش است؛ ازخود بیگانگی مثبت به ازخود بیگانگی منفی (خود ویرانسازی شاعر و هنرمند) تعبیر ماهیت میدهد؛ نگرش انتقادی از هنجارهای حاکم بر جامعه کاپیتالیست به نکوهش و رد مطلق رژیم وابسته حاکم (بورژوازی کمپرادور) تقلیل مییابد و یأس فلسفی به یأسی سیاسی بدل میگردد.

اگر بپذیریم که هدایت و نیما در داستان و شعر ابداع «مدرنیسم» ایرانی را پایه گذاری کردند، باید بگوییم که این دو در تلقی خود از وطن، دو سرنمون به کلی متفاوتی را از خود به یادگار گذاشتند. در هدایت ما دغدغه ایرانیت را به تصریح و تلویح میبینیم. در حالیکه در دیارگرایی و گریز به طبیعت نیما تعلق ملی جایی در سخن ندارد و به جای آن گونهای جهانوطنی تجویز میشود: «جهان خانهی من است.» این سخن نیما که جهان وطن اوست سخن زیبایی است، اما امروز میتوان پرسید این سخن را کی و از کجا بر زبان آورده است؟ ادعای وطنجهانی داشتن آن هم از درون خانهای ویران و در محاصره بیابان فقط اسباب پوزخند جهانیان میشود! شعر یاد شدهی شاملو را باید ادامهی همان رویکرد جهانوطن نیما دانست. همچنین ادامهی این رویکرد را میتوان در وطن گمشدهی سپهری و به بیانی دیگر در «ای مرز پرگهر» فروغ فرخزاد دید. حتا در عنوان این شعر، «ای مرز پرگهر»، طعنه و تعریضی هست به سرود ملی ایران ساختهی حسین گل گلاب که نه شاعر حکومتی بود و نه این سرود را به مناسبتی حکومتی ساخته بود. در بندی از شعر فروغ و به دنبال سطرهای زیر استعاره «جغجغه قانون» اکنون میتواند برای ما پرسش برانگیز باشد:

آغوش مهربان مام وطن

پستانک سوابق پرافتخار تاریخی

____

⁷⁶ Ezra Pound: 'Make it new' ('Canto LIII')

⁷⁷ تعبیری از جلال آل احمد.

⁷⁸ تعبیری از تی.اس. الیوت در شعر «سرزمین هرز»

۴۲

لالایی تمدن و فرهنگ

و جغ و جغ جغجغه‌ی قانون ...

چرا جغجغه قانون؟ این کدام قانون است که شاعر از آن با ریشخند یاد می‌کند؟ آیا این همان قانونی نیست که همچون دستاوردی از انقلاب مشروطه روح «روشنگری» در تدوین آن دمیده شده بود و نهادهای اجرایی آن به صورت دادگاه‌های عرفی مدت زمان درازی نبود که در وطن شاعر جایگزین محاکم شرع شده بودند؟ تجربه‌ی کنونی ما از سربرآوردن و استقرار دوباره‌ی دادگاه‌های شرع در این چند دهه پس از انقلاب به کنار، اما آیا نمی‌توان پرسید که حتا در زمان سرایش شعر و با ذهنیت آن دوره این چه سخن لغوی، چه شوخی خنکی بوده است با مفهوم قانون؟ اگر پشتیبانی همین نهاد عرفی قانون نبود آیا شاعره‌ای مثل او می‌توانست صدای زنانه‌ای از آن خود را در عرصه عمومی با «خیالی آسوده از هر سو» آشکار کند؟ در این استهزای ثبت نام خود در یک «شناسنامه» به عنوان شهروندی از یک ملت کدام هویت بی‌نام و نشانی را می‌خواهد به جای آن بنشاند؟ هویت زنی از «امت»، که حتا نامش در فضای عمومی بر زبان آورده نمی‌شد یا هویتی با مفاخر القاب و عناوین «سلطنه‌ای، دوله‌ای»؟ این صدای سخره‌ی زن در این شعر از آن کیست؟ در کجای جهان خود ایستاده بود؟ با چه نگاهی به تاریخ پیرامون خود و با چه یقینی این سخنان را بر زبان آورده است؟ ملیت به مفهوم مدرن یک «قانون» است با همه ملازمات آن.

در اینجا باید به عامل دیگری نیز در رواج مضمون بی‌وطنی در ادبیات مدرن ایرانی اشاره کرد که همانا تأثیرپذیری از آموزه‌های ایدئولوژیک چپ در روایت لنینی ـ استالینی آن بود. این عامل به ماخولیای روشنفکری ایران دامن زد و ادبیات از سرایت آن در امان نماند. در این روایت چپ، هر گونه بیانی از تعلق ملی، دلبستگی به آب و خاک برچسب «شونیسم» یا «ملی‌گرایی بورژوایی» می‌خورد و به جای ایران همچون میهنی مشخص با منافع ملی خاص خود، وطنی جهانی به صورت «انترناسیونالیسم» کارگری تجویز و تبلیغ می‌گردید. شگفت اینکه، در اندیشه‌ی بنیان‌گذاران مارکسیسم در ایران میان دو مفهوم «میهن‌دوستی» و «شونیسم»، به معنای خاک‌پرستی، خط فارغ دقیقی ترسیم شده بود، چنانکه مثلاً از زبان تقی آرانی می‌خوانیم:

شووینیسم را نمی‌توان میهن‌پرستی ترجمه کرد. میهن‌پرستی مادی با شرایط معلوم و در موارد ویژه ... عبارت از این است که مردمی که از زمین و آب و

آفتاب و معدن یک سرزمین ضروریات زندگی خود را تأمین می‌کنند و در آن جای دارند، بدان سرزمین علاقه‌ی مادی دارند.[79]

هرچه از زمان این نوشته جلوتر می‌آییم، به همراه کاربست تدریجی واژه‌ی «خلق» به جای «مردم»؛ «خلق‌ها» به جای ملت، میهن‌دوستی نیز برابر با «ناسیونالیسم بورژوایی» و «شوینسم فارس» تعریف و نکوهیده می‌شد. در برخوردی ایدئولوژیک، در تخلیط امری زبانی با واقعیت طبیعی، وطنی اگر بود همان وطن‌جهانی کارگری و مصداق آن کشور شوراها در شمال ایران بود تا آنجا که اندکی بعدتر از نوشته‌ی آرانی، در خاطرات خلیل ملکی در تعریف انترناسیونالیسم به روایت ایرانیش می‌خوانیم که

«انترناسیونالیست‌ها آن‌هایی بودند که بدون قید و شرط و بدون تزلزل و بدون چون و چرا فرمانبردار خط مشی اعلام شده بودند... آن‌هایی که به تمامیت ایران ابراز علاقه می‌کردند انترناسیونالیست خوبی نبودند، اما آن‌هایی که آذربایجان ایران را در گرو امتیاز نفت شمال قرار دادند انترناسیونالیست خوبی بودند.»[80]

اکنون می‌دانیم و در همان زمان‌ها هم درک این موضوع چندان مشکل نبود که آن وطن آرمانی دست‌کم آن‌گونه که در کشور شوراها متحقق شد، از همان آغاز چیز جز همان «روسیه زندان خلق‌ها»ی تزاری از کار درنیامد و در گسترش آن در بخش هایی از اروپای شرقی هرگز دیده نشد که کارگران لهستانی همتایان روس خود را در آغوش گیرند.[81] انترناسیونالیسم به روایت ایرانی گرته‌برداری شده از نسخه‌ی لنینی، در شرایط تحقق خود، رهایی کارگران را در چهارچوب مشخص ملی (پیش شرطی که انگلس زمانی تجویز کرده بود) به کلی و عامدانه نادیده گرفته بود.[82] در نتیجه، جای تعجب نیست اگر خلیل ملکی بر دیوار ادارات فرقه دمکرات به جای عکس ستارخان و باقرخان شمایل جنگ‌سالاران روس را می‌بیند؛ و آن سوتر، در ایران، نام زیبا و خاطره انگیز یک شهر از «گنجه» به «کیروف» تغییر یافته بود.

[79] تقی ارانی، **تکامل و تغییر زبان فارسی**، نسخه اینترنتی.
[80] خلیل ملکی، **خاطرات**، ص ۳۱۰
[81] بابک امیر خسروی، «مبحث ملی و بررسی اجمالی آن در ایران»
[82] بابک امیر خسروی، همانجا.

بی‌سبب نیست اگر می‌بینیم در سروده حماسی شاعری شوربخت، سیاووش کسرایی، که خود تا مغز استخوان میهن دوست بود «دلم هوای آفتاب می‌کند»، [83] تمام نفس و نیروی اسطوره‌ای ملی، آرش، در خدمت القای یک ایدئولوژی خاص در قالب زبانی غیر حماسی، کلی‌گو و رمانتیک به هدر رود و از آنجا که شاعر گذشته را، گذشته‌ی یک اسطوره را از پشت حجاب ایدئولوژیک می‌بیند، می‌توان پرسش براهنی را به گونه‌ای دیگر، با مقدماتی دیگر و در زمینه‌ای مربوط به این نوشته، چنین باز کرد و پرسید که، او که از دیدن تمام گذشته‌ی خود ابا دارد، «چگونه می‌تواند پیشگوی آینده‌ای نیامده و موهوم باشد؟» [84] یادآوری این سخن موجز در باره‌ی ماهیت اسطوره در اینجا چه به جا می‌نماید که «حضور اسطوره نشانگر آن است که چیزی واقعی وجود دارد.» [85] و هم ازینروست که می‌توان گفت اسطوره، چهارچوب متنی و تاریخی یک اسطوره، به هر خیال‌پردازی در تفسیر خود حتا به بیانی شاعرانه اجازه نمی‌دهد. به اسطوره آرش در بخش دیگر این مقال خواهیم پرداخت. می‌توان گفت و اکنون به جرئت می‌توان گفت که در آستانه انقلاب آن مالیخولیای فراگیر به یک نسیان کامل تاریخی جهش کرده بود. مترادف دانستن این نسیان با آنچه از آن به عنوان «فقدان حافظه‌ی جمعی» ایرانیان به هنگام انقلاب یاد کرده‌اند، همانا فرو کاستن از بارهای معنایی واژه‌ی نسیان و از سنگینی بار مسئولیتی است که همگان در قبال چنان نسیانی تاریخی بر گردن داشته‌اند. اوج این نسیان را به صورت نمونه‌ای اکنون باورناکردنی، به صورت ادبیاتی به اصطلاح «انقلابی» و در خدمت ایدئولوژی، در شعری از همان شاعر شوربخت می‌بینیم آنگاه که به مناسبت اعدام‌های فردای انقلاب در سروده‌ای خطاب به «رهبر» انقلاب آن اعدام‌ها را تأیید می‌کند و حتا خواستار اعدام‌های باز هم بیشتری می‌شود:

دارمت پیام

ای امام

که زبان خاکیانم و رسول رنج

....

تیغ برکشیده را نکن به خیره در نیام

حالیا که می‌رود سمند دولتت، بران،

حالیا که تیغ دشنه تو می‌برد

بزن!

---

[83] سطری از شعر کسرایی که در غربت و پس از به ترک گفتن روسیه شوروی سروده است .

[84] **طلا در مس** (۱۳۴۴)، ص. ۱۷۸.

[85] رژی دبره، همانجا.

این شعر را زمانی کسرایی سروده بود که حدود یک دهه از اوج و شکوفایی مدرنیسم ایران می‌گذشت و «شب» و «ستاره» و «خورشید» در بیان شعری دیگر فقط استعاره‌های مرده‌ای بودند.

شانه‌ای برای آشفتن

شانه‌ی آشفتنم کجاست
خانم زیبا؟!.. ـ رضا براهنی[86]

در برابر سطرهای نقل شده از کسرایی که شاعر در آن، سرمست از باده‌های بی‌حساب مسلکی، بر تیغ دشنه‌ی قهار رهبری انقلاب بوسه می‌زند، شعر شاملو را که در همان روزها سروده شده، اما باید به گونه‌ای دیگر خواند: واکنش خشم‌آگین ذهنیتی نسیان‌زده که ناگهان در اثر ضربه‌ی هولناک انقلاب تکه‌پاره‌هایی از محفوظاتش را هرچند نامرتبط، هرچند ناتمام، از ناخودآگاه در رویه‌ی خودآگاه بازمی‌یابد. در اثر همین ضربه‌ی هولناک بود که می‌بینیم این «نه»ی نهفته در قبال وطن در شعر «جخ امروز...» به یک «آری» خطاب به وطن در شعر سیمین بهبهانی می‌انجامد؛ از وطن و با وطن همچون یک موجودیت، یک ضرورت و یک هویت محاکات می‌شود: «دوباره می‌سازمت وطن». این «آری»، پیش از هر چیز دیگر، بیانی از یک «بایست» (imperative) ادبی بود در زمانه‌ای که هشدار می‌داد با از دست رفتن وطن همه چیز از دست می‌رود. این «آری» را اندکی پس از انقلاب همچنین می‌توان در احصایی شاعرانه از تکه‌پاره‌های سرزمین ایرانی در «خروس هزار بال» از محمد حقوقی دید :

سبزینه‌های آینه‌گی

ـ آب‌های نور

میراث آفتاب

در ساحل شب سَدهام

ـ آن‌جاست:

هر چارمرز دهکده‌ام

ـ روستای من

---

[86] سطری از سروده‌ای از براهنی به نام «ایرانه خانم»

...

مهتاب خاوران

فردوس‌های سور نشابور

- سرو مرو

- خیابان بامیان...

و یا سال‌ها بعد سیلی غربت است که به یاد شاعری دیگر، رضا براهنی،
می‌آورد که وطن گاه از اتفاق آنجاست که نیست. در این تجربه‌ی غربت است که وطن،
به صورت یک شخص، با جنسیتی زنانه «ایرانه خانم»، در شعری از او مورد خطاب
قرار می‌گیرد:

با توام ایرانه خانم زیبا!
دق که ندانی که چیست گرفتم دق که ندانی تو خانم زیبا
حال تمامَم از آن تو بادا گرچه ندارم خانه در اینجا... خانه در آنجا...
سَر که ندارم که طشت بیاری که سر دَهَمَت سر
با توام ایرانه خانم زیبا!

...

وای که از شکل شکلدار چه بیزارم شانه‌ی آشفتنم کجاست خانم زیبا؟
با توام ایرانه خانم زیبا!

به یاد بیاوریم که در سوگواری، در ذهنیت سوگوار، به گفته فروید، هیچ ردّ و
نشانه‌ای از «محرومیت و خسران ناآگاه» وجود ندارد. ابژه‌ی آرزوشده از این ذهنیت
زدوده نشده است. این خصلت آگاهانه سوگواری، و بگوییم این خصلت آگاهی بخش آن،
بار دیگر سرنمون هدایت را به ویژه در **بوف کور** یاد ما می‌آورد. ایرانیت در **بوف کور**
هویتی سوگوار است، اما کل اثر یک «آری» به این هویت است. ایران به عنوان ابژه‌ی
آرزوشده در این سوگواری، متعلق این هویت، در روایت بوف کور مدام در درون راوی
حاضر است، چیزی نابوده و یا از جنس اوهام نیست. در پرداخت مجازی و به شدت
فشرده محاکات اثر اگرچه از ایران نامی به میان نیامده، اما با نامش پاره‌ای کهن از آن،
جزء به جای کل، در متن به یاد آورده می‌شود:

«ری، شهری که عروس دنیا می‌نامیدند.»

بوف کور از ایران نام نمی‌برد، اما می‌توان و باید آن را همچون مانیفست ایرانیت در ادبیات مدرن ایران بازخواند. جالب اینکه، حتا آنجا که در این رمان به بیگانگی راوی پرداخته می‌شود، این بیگانگی را به صورت تضاد فرد و جمعی مشخص و تعریف شده‌ای می‌بینیم و نه صرف بازتاب کلی تضادی از فرد و شهریت مدرن آنچنان‌که درونمایه‌ی بیگانگی را در مدرنیسم اروپایی برمی‌سازد. بیگانگی در **بوف کور** نه گرته‌برداری از تجربه‌ی دیگران که تجربه‌ای مشخص از آن خود است که به بیانی خاص خود درآمده است:

من میان رجاله‌ها یک نژاد مجهول و ناشناس شده بودم، به‌طوری که فراموش کرده بودند که سابق بر این جزو دنیای آن‌ها بوده‌ام. چیزی که وحشتناک بود. حس می‌کردم که نه زنده‌ی زنده هستم و نه مرده‌ی مرده... .

در شعر شاملو گذشته تنها از گذار تلمیحاتی گزینش‌شده به تاریخ واقعی و در سطح متن به یادآورده می‌شود. در حالی‌که، در **بوف کور**، همچون شعر حافظ، گذشته به صورتی نمادین و با اشاره به بن‌مایه‌هایی از فرهنگ و تاریخ ایرانی در بطن متن بازنمود پیدا کرده است. این گذشته اما لامکان نیست. گلدان راغه را نمی‌توان همچون شیئی خیالی، ناکجاآبادی، واژگون در گذشته‌ای بی‌تاریخ و فقط به صورت یک تمثیل (همچون شعر کسرایی) خواند. در بافت وهم‌آلود و موجز داستان، این شیء شناسنامه‌ی تاریخی خود را دارد در عین حال که ملموس و دارای تعینی قصوی است. جزیی از اجزای صحنه‌ی ماجراست، اما به وضعیتی عام و مشترک اشاره دارد: آمیزه‌ای از خاک و خاطره با تقویمی مشخص که استعاره‌ی گل نیلوفر بر ادامه‌ی آن در زمان و ذهن راوی تأکید می‌گذارد. گذشته‌ای که مرده است، اما برابر چشم راوی هنوز همچون یک گل نیلوفر زنده است:

فهمیدم که یک نفر همدرد قدیمی داشته‌ام. آیا این نقاش قدیم که روی این کوزه را صدها شاید هزاران سال پیش نقاشی کرده بود همدرد من نبود؟ همان‌ها که ذرات تنشان در گل‌های نیلوفر کبود زندگی می‌کرد؟...

همچنین است رفتار راوی با درخت سرو، این نماد تکرار شونده در ادب و هنر ایرانی، که در مکانیتی و زمانیتی آرزو شده، اما ملموس و مشخص از آن سخن به میان می‌آید:

« ...کنار نهر سورن، زیر سایه‌ی یک درخت کهن سرو.»

روانشناسان همیشه می‌توانند استعاره‌ی زخم را در بوف کور به بیانی از هویتی فردی تعبیر کنند. اما در متن ادبی و در خوانشی ادبی از یک متن نمی‌توان میان امر فردی و امر جمعی خط فارغ مشخصی کشید. در متن ادبی ما مصداق این سخن درست را می‌یابیم که هیچ هویت فردی نیست که تاریخی نباشد.[87] استعاره‌ی «زخم» بیانی از هویتی جمعی است، بیان آن چیزی که در این نوشته از آن به عنوان هویت سوگوار ایرانی یاد می‌کنیم. کل **بوف کور** را می‌توان همچون استعاره‌ای از یک زخم خواند. این زخم، این بیانی از سوژه‌ی «مجروح»، در واقع بیانی از کنش ناممکن سوگواری است؛ اشعاری دردناک بر این حقیقت است که یادآوری آنچه در «خود» از دست‌رفته، به قصد نگاهداری آن در برابر مرگ (فراموشی)، در واقع در مجال اندکی باید صورت گیرد که خود مرگ در اختیار گذاشته است:

«می‌ترسم که بمیرم و هنوز خود را نشناخته باشم.»

از این مجادله‌ی یاد و فراموشی؛ زندگی و مرگ، از این سازوکاری که در انزوا روح را می‌خورد و می‌تراشد در زبان همگان و با همگان نمی‌توان سخن گفت، «این دردها را نمی‌شود به کسی اظهار کرد.» نمی‌توان نام «او»یی که نیست را آشکار کرد: «نه اسم او را هرگز نخواهم برد.» برای نامش او زبانی «دیگر» باید. به کوتاه سخن، استعاره‌ی زخم و معادل دیگر آن «داغ» را می‌توان بیانی از یک نبود دانست. اما این نبود آن چیزی نیست که هرگز نبوده است. این نبود آنی است که همواره در «خود» راوی بوده است، حتا اگر این خود همواره با خود همسان (identical) نبوده باشد.[88] این

---

[87] Balibar, 94

[88] برداشتی از مفهوم سوگواری همچون کنشی ناممکن به تعبیر دریدا. برای تفصیل این مجمل نگاه کنید به:

Jacques Derrida: *The Work of Mourning* Pascale-Anne Brault , Michael Naas (Ed,&Trans),The university of Chicago press, 2003 and also by Derrida: *Memories of Paul de Man, Cecile Lindsay, Jonathan Culler and Eduardo Cadava (trans.) Colombia Press, 1986.*

داغی است که بر روح راوی زده شده و او در زندگیش آن را همیشه باخود داشته و خواهد داشت:

«اگر آنجا را پیدا می‌کردم، اگر می‌توانستم زیر آن درخت سرو بنشینم حتماً در زندگی من آرامشی تولید می‌شد...»

در این سخن راوی **بوف کور** پژواکی از این سخن شاهنامه را می‌توان شنید، حتا اگر او آن را از یاد برده باشد:

«...بدین سایه‌ی سروبن بغنوید...»

به جرئت می‌توان گفت که بعد از هدایت در میان نویسندگان ایرانی تنها در آثار هوشنگ گلشیری است که ما به بیانی از ایرانیت بر می‌خوریم و اینکه این هویت همچون یک دلبستگی دغدغه‌ی ذهنی او به ویژه در نوشته‌های آخرش بوده است: استعاره‌ی خاک دامنگیر : «همه‌اش تقصیر این خاک است...» **(بره‌ی گمشده‌ی راعی)**. در یکی از داستان‌هایی که گلشیری همزمان با شعر شاملو نوشته است، «فتحنامه‌ی مغان»، می‌بینیم که استعاره‌ی «شراب اجدادی» **بوف کور** با کلماتی به وام گرفته از حافظ به صورت باده‌ای «ترس محتسب خورده» رخ می‌نماید. از خاک در زیر آسمانی با «ستاره‌های قدیمی» همچنان بوی عطر می‌آید، خاکی که اکنون و در صحنه‌ی داستان زخمی و خون‌آلود است. این خاک استعاره‌ای است از همه آن چیزی که هم اکنون کسانی دارند از راوی اول شخص جمع این داستان می‌گیرند، اما او به آن تعلق دارد. در آخر داستان آدم‌ها در پای شبحی دوباره سربرافراشته از کبره‌ی تاریخ که سرو صورتش را این بار با چپیه‌ی عربی پوشانده با تفنگی در یک دست و شلاقی در دست دیگر، سر تسلیم بر همان خاکی می‌گذارند که لحظه‌ای پیش بر آن باده خورده بوده‌اند:

«... و بعد مست سر و صورت برخاک گذاشتیم، بر خاک سرد و شبنم‌زده نشسته اجدادی، و منتظر ماندیم.»

لاله‌های سرخ وطنی

در گفته‌ی عارف، شاعر ـ خنیاگر عصر تجدد ایرانی اگرچه غلوی هست، اما این گفته یکسره خالی از حقیقت نیست: «وقتی تصنیف وطنی ساختم که در ایران از ده هزار نفر یک نفرش هم نمی‌دانست وطن یعنی چه؟» در زمانه‌ی او وطن برای بسیاری از مردم معنایی جز شهر یا روستای زادگاه نداشت. معاصریت مدرن و به همراه آن مفهوم مدرن وطن هنوز به اذهان در سطحی گسترده راه نیافته بود. عارف اما خود محصول همین معاصریت مدرن بود.

«خدمت» او را به موسیقی و ادبیات می‌توان یک «ابداع» دانست، اما آیا واژه‌های «وطن» و «ایران» در عصر او از «مبهمات» زبان فارسی بودند؟

ابداع با تعریفی که به اختصار طرح خواهیم کرد با «نوآوری» تفاوت دارد. در همان زمان‌ها افزودن یک سیم به سه تار (سیم چهارم) یک نوآوری بود. سه تار با این سیم چهارم، گرچه با امکانات بیشتر، اما همان سه‌تار بود. ساز دیگری نشده بود. ابداع گسستی در «همان» است به سود سربرآوردن چیزی «دیگر». با این تعریف می‌توانیم ترانه‌های عارف را یک ابداع بخوانیم. عارف مفهوم نوینی از وطن را به گفته‌ی او در «افتضاح» شعر زمانه‌اش در قالب بدیعی از ترانه طرح می‌کرد. تا پیش از آن قالب ترانه (تصنیف) برای بیان موضوعات اجتماعی و تهییج احساسات ملی به کار گرفته نشده بود و پس از آن است که می‌بینیم موسیقی از محافل بسته به عرصه‌ی عمومی راه می‌یابد و همراه با شعر در اشکال دراماتیک بر صحنه به اجرا در می‌آید. ابداع عارف در بستره‌ی آگاهی نوینی تاریخی پدید آمده بود که ریشه در رشته‌ای از تحولات اقتصادی، تکنولوژیک (چاپ) و لاجرم سیاسی داشت و سرآغاز ابداع‌های دیگری را رقم می‌زد که در سال‌های بعد یکی پس از دیگری در ساحات فرهنگی اتفاق افتاد. مضامین و ترکیبات کلامی تازه‌ای را شاعران به کار گرفتند، زبان نوشتار با گفتار از مجرای روزنامه روز به روز به هم نزدیک‌تر شدند، اوزان صلب و محکم عروضی کم کم رو به سستی گذاشتند؛ و مهم‌تر اینکه، شعر دیگر فقط سروده نمی‌شد، بلکه شعریت شعر نیز به پرسش گرفته شده بود:

هرگونه منظومه‌های پرپوچ را پوئزی حساب می‌کنند و چنان پندارند که پوئزی عبارتست از چند الفاظ بی‌معنی در یک وزن معین و از قافیه دادن به آخر آنها و از وصف نمودن محبوبان با صفات غیر واقع و ستودن بهار و

خزان با تشبیهات غیر طبیعی چنانکه دیوان یکی از شعرای متأخرین تهران متخلص به قاآنی از اینگونه مزخرفات مشحون است. دیگر خیال نکرده‌اند که در پوئزی مضمون باید به مراتب از مضامین منشأت نثریه مؤثرتر باشد و پوئزی باید شامل شود برحکایتی یا شکایتی درحالت جودت موافق واقع و مطابق اوضاع و حالات فرح‌افزا یا حزن‌انگیز مؤثر و دلنشین چنانکه کلام فردوسی رحمه الله است... .[89]

ادامه و نقطه‌ی اوج این روند را می‌توان بعدها در شعرها و اندیشه‌های نیما درباره‌ی شعر و شاعری دید.

هیچ ابداعی در خلاء اتفاق نمی‌افتد. هر ابداعی، و در اینجا ابداع در موسیقی و به معنایی وسیع‌تر در شعر، افقی را به سوی آینده باز می‌کند، اما در عین حال وامدار گذشته است. ابداع عارف در زمینه‌ای از آگاهی تاریخی (ملی) تازه‌ای پدید آمده بود، اما این ابداع در عرصه نمادین تنها آنگاه می‌توانست پدید آید که زمینه‌ای از یک آگاهی فرهنگی پیش از آن فراهم می‌بود. بدون این زمینه تجربه‌ی او برای هم عصرانش نامفهوم، تکرارناپذیر و بی‌مخاطب می‌ماند. آگاهی تاریخی جامعه‌ی او تا پیش از آشنایی با مدرنیته و مفاهیم تازه‌ای از وطن، ملت و دولت، آگاهی گسسته‌ای بود. در حالی‌که، آگاهی فرهنگی در همان جامعه به صورت خاطره‌ای جمعی در اشکال متکثر، چند لایه، در ترکیبی از افسانه و واقعیت، یاد و فراموشی و خودآگاه و ناخودآگاه در اذهان جریان داشت. بازتاب‌های این آگاهی را می‌توان در زبان و به ویژه در زبان ادبی یافت آنجا که نه ایده‌ها، بلکه خود واژه‌ها هستند که می‌درخشند.

وطنی آرمانی به نام «ایران» موضوع ملی گرایی (ناسیونالیسم) عصر عارف بود، اما واژه ایران، و یا وطن، همچون یک واژه، یا نشانه کلامی، نمی‌توانست در زبان بی‌هیچ پیشینه‌ای باشد. بدون این پیشینگی کلمه فقط اصوات است یا نشانه‌ای خالی همچون علایم خط موسیقی. این پیشینگی، یا در اینجا و به تعبیر ما، «یاد» در کلمه به چه معناست؟ از منظری کلی می‌توان گفت که زبان به عنوان محملی از آگاهی فرهنگی، اگر نگوییم خود فرهنگ، عرصه‌ای از یادهاست. در این عرصه، واژه «گذشته»‌ای است همواره در «حال». این زمان حال را لحظه‌ی اکنون هربار خوانش از متن تعیین می‌کند. از سوی دیگر، اگر به لحاظ نظری بپذیریم که نشانه‌های زبانی، و در اینجا واژه‌هایی همچون وطن، میهن و ایران، به هیچ واقعیتی بیرون از زبان دلالت نمی‌کنند؛ چراکه، هیچ چیز بیرون از زبان و یا فارغ از زبان نیست، باید بپذیریم که ابداع ادبی نیز بیرون از زبان اتفاق نمی‌افتد. شالوده‌ی ابداع عارف در خود زبان به صورت ساختارهای ادبی پیشینی و به بیانی کلی‌تر در فرادهش فرهنگی-ادبی جامعه

---

[89] آخوندزاده- **مکتوبات**، ص. ۳۳.

وجود داشت. از این نگاه می‌توان گفت که کلمه ایران و میهنی به نام ایران در زبان فارسی هرگز نشانه‌ای تهی یا فقط لفظی با یک معنا در قاموس لغت نبوده و نیست. واژه ایران به ویژه آنگاه که در متن ادبی وارد می‌شود، جایگاهی میانین (mediato، واسط)[90] را میان گذشته یک فرهنگ و اکنون خوانش پیدا می‌کند. یا به سخن دیگر، فضایی معنایی است که گذشته‌ای را در خود به زمان حال درمی‌آورد. از این نگاه، واژه ایران و وطن به معنای ایران با «گلدان راغه» در بوف کور هدایت مشابهت پیدا می‌کند. خاطره‌ای شیئی شده است که همچون آن گلدان در خلل و فرج سفالینش نفس اعصار و قرون دمیده شده است.

واژه‌ی ایران را نمی‌توان جدا از بعد معناشناختی زبان فارسی به عبارت درآورد؛ همچنان‌که، گوهره‌ی زنانه آن را همچون واژه‌های میهن و خورشید نمی‌توان از آن جدا ساخت. به سخن دیگر، واژه ایران مدام در گفتگو با کل پیکره زبان است و در هر لحظه بارهای معنایی گوناگونی را در بافتگان‌ها و متون گوناگون به جلوه در می‌آورد. بدعت عارف بنا به تعریف گسستی بود از یک «همانیت(sameness)» به سود پدید آوردن یک «دیگریت (otherness)». اما این دیگریت در زنجیره‌ای از همانیت‌ها بود که معنا پیدا می‌کرد. هیچ ابداعی از این نوع نمی‌تواند کلمه را از یاد کلمه خالی کند. هر واژه‌ای در زبان گره‌گاهی از یادهاست و یا به تعبیری از شاهرخ مسکوب عرصه‌ای از «یاد‌یاد زبان» است، سلسله‌ای از یادها، مثل سلسله زلف بتان....[91] ترکیب یاد‌یاد را هرچند مسکوب در زمینه‌ای دیگر، آگاهی تاریخی، به کار برده (به تعبیر او لحظه‌ای که تاریخ در اثر رویدادی ویران‌ساز یا دوران ساز به خود وامی‌نگرد، و به یاد می‌آورد، تا خود را در وضعیت پیش‌آمده بازتعریف کند)، اما می‌توان آن را به جای اصطلاح «بینامتنیت» پیشنهاد داد. این معنا را بیشتر توضیح خواهیم داد. ما در متن ادبی واژه ایران را در یاد‌یاد زبان است که می‌خوانیم؛ و ازینروست که می‌توان گفت، ایرانیت نه تنها یک مفهوم بلکه یک بینامتنیت(intertextuality) است. یا به‌سخن دیگر، آنچه در زبان با یاد آورده می‌شود. حقیقت این یاد در متن ادبی خود این یاد است.

با نگاهی گذرا به پیشینه اصطلاح بینامتنیت در نظرات باختین می‌گوییم که اگر برای زبان به ماهیتی «گفتاگویی (dialogic)» قایل باشیم، واژه «ایران» یا وطن (میهن)، تنها به او که این واژه را برزبان می‌آورد و یا می‌نویسد یکجا و دربست تعلق ندارد. در زبان همچون ساحتی از گفت و گو همواره نیمی از معنای واژه متعلق به دیگری است. این دیگری کیست؟ کجاست؟ این دیگری را در اینجا یاد (خاطره) زبان نام می‌گذاریم. یاد‌یاد حوزه عملکرد همین دیگری است. اساس یاد‌یاد را می‌توان همان

---

[90] Julia Kristeva: *Revolution in Poetic Language* (Colombia university press 1980).
[91] مسکوب، ۱۰

ویژگی چند صدایی (hetroglossic)[92] ذاتی زبان دانست؛ آن ویژگی که ساختار بسته زبان را، به تعبیر باختین، همواره گشوده و زایا می‌سازد:

کلمه آنگاه از آن کسی می‌شود که او آن را با قصد خود، با لهجه خودش، انباشته کند؛ زمانیکه او (سخنگو) کلمه را از آن خود می‌کند، آن را با قصد معناشناختی خود سازگار می‌کند. پیش از این لحظه (سخنگو کلمات خود را از قاموس لغت برداشت نمی‌کند)، کلمه در بافتگان‌های عینی، متعلق به دیگران، در خدمت بیان مقاصد دیگران (مردم) معنادهی می‌کرده است. از آنجاست که می‌توان کلمه را برگرفت و آن را از آن خود ساخت.[93]

مفهوم یادایاد شاید با پاره‌ای تعاریف بینامتنیت همخوانی نداشته باشد، اما به یاد بیاوریم که برسر تعریف یکسانی از اصطلاح بینامتنیت هم اتفاق نظر چندانی نیست. بیامتنیت و یا یادایاد زبان رابطه درونی یک متن است با دیگر متن‌ها در یک فرهنگ؛ یا به سخن دیگر، گفتگوی واژه است با کل پیکره زبان. چه اصالت را به خواننده بدهیم و چه به خود متن، «ایران» در متن ادبی فقط یک واژه نیست، عرصه‌ای از «لغزش»های معنایی است. می‌توان با کمرنگ ساختن بارهای اجتماعی، و پررنگ کردن بارهای فرهنگی، این «لغزش معنایی» را همان «فحوای گفتگویی» و یا مجادله خاموش در یک کلمه به تعبیر باختین دانست. با هربار خوانده شدن این واژه سلسله‌ای از یادها یا رشته‌ای از گفتگو میان گذشته و حال از هم گشوده می‌شود. در این واگشایی، در هنگامه‌ی این یادایاد است که ایرانیت با همه ملازماتش، در بیان ادبی به عنوان یک بینامتنیت شکل می‌گیرد و عمل می‌کند.

بینامتنیت در اینجا، برخلاف برداشتی که بعضی ادبای دانشگاهی ایرانی ازین اصطلاح کرده‌اند و می‌کنند، در واقع چیزی بیش از، و متفاوت از، تلمیح و اشاره، یا تاثیر و توارد است. بینامتنیت به لایه‌های ژرفتری از دلالت در زبان برمی‌گردد و حد و بستی نمی‌توان برای معنا دهی آن معین کرد. مهمتر اینکه، برخلاف تلمیح و یا اشاره (و نیز کنایه) گوینده سخن خود از این دلالت ژرفایی لزوماً آگاه نیست و آن را عامدانه افاده نکرده است. اگر چنین می‌بود با خواندن شرح تلمیحات و اشارات در یک متن (از نوع شروحی که برحافظ و دیگران نوشته‌اند)، کار دلالت در آن متن یکبار و برای همیشه پایان می‌گرفت. بینامتنیت بنا به یک تعریف همه آن نقل قول‌های بدون علامت نقل قول در یک متن است؛ یا همچون دریافت حسی شهوانی (اروتیک) از یک متن آنگاه که هیچ صحنه‌ای شهوی (اروتیک) در متن بازنموده نشده باشد. برخلاف نظر کریستوا

<hr>

[92] گفتاگویی Dialogic اصطلاحی از باختین و همچنین است چند صدایی برابر اصطلاحی دیگری از او Hetroglossic.

[93] Mikhail Bakhtin: *The Dialogic Imagination*, University of Texas press 1981, 294

واضع این اصطلاح، بینامتنیت تنها از آن متن مدرن هم نیست و چنانکه رولان بارت خاطر نشان می‌کند، می‌توان آن را در هر متنی یافت. تجربه عارف را می‌توان اما با نگاهی به کریستوا نوعی فرانهش (transposition) دانست: آنگاه که بر یک نظام دلالی پیشینی (anterior) نظامی اکنونی (synchronic) از دلالت سوار می‌شود.[94] عارف خود در این سازوکار دلالی همچون سوژه سخنگو یکی از اضلاع مثلثی را تشکیل می‌داد که دو ضلع دیگر آن ۱) فرایاد زبان؛ و ۲) گیرندگان پیام شعری او بودند. ابداع عارف فقط در درون این مثلث ارتباط‌پذیر می‌بود.

رد و نشان ایرانیت را همچون یک هویت، و هویتی که حدیثی از یک دلبستگی است، به صورت یادایادی در زبان، تا کجا می‌توان در متن ادبی پی‌گرفت؟ آیا می‌توان در متن ادبی لحظه‌ی آغازینی را برای این روند دلالی متداخل و متکثر یافت؟ آن اولین حلقه در این سلسله در هم پیچیده و مشوش یاد؟ یا به سخن دیگر، آن دال نخستین در بازی حضور؛ *در گذشته‌ای که هرگز زمان حال نبوده است؟*[95]

ما شاید بتوانیم فقط در آستانه آن لحظه مقام کنیم، همچون عاشقان در شعر سعدی که همیشه در حضرت محبوب درنگ کرده‌اند و هرگز به درون راه داده نمی‌شوند. با هر نزدیک شدن او از ما فاصله می‌گیرد.

گردوبن

برای حرکت به سوی این سرآغاز، از کجا آغاز کنیم؟ کدام متن و تا کجا در برابر این سویش گشاده است؟ اگر ایرانیت را یک روایت بدانیم، چنانکه بر هر هویتی ملی این ویژگی را اطلاق کرده‌اند، در مجموعه‌ای از ویژه سخن‌های ادبی (literary idioms)، شاهنامه، بنیاد یا مهمترین بنیاد این روایت است. اما اگر لحظه‌ای شاهنامه را کنار بگذاریم، به جرئت می‌توان گفت کمتر روایتی ملی را می‌توان به زیبایی و گویایی اسطوره آرش در حافظه دیگر ملت‌های کهن سراغ گرفت. درنگی در اینجا در این اسطوره بایسته است.

ازین روایت چنانکه می‌دانیم در شاهنامه، مگر به صورت اشاراتی چند، سخنی به میان نیامده است. درباره چرایی این سکوت شاهنامه پژوهشگران تاکنون پاسخ روشن و قانع کننده‌ای نداده‌اند. آیا چنانکه گفته‌اند، سراینده شاهنامه نمی‌خواسته

---

[94] با نگاهی به نظرات رولان بارت درباره بینامتنیت از جمله در منبع زیر:

'Theory of the Text' in *Untying the Text*, Young, R (ed.), Routledge, 1981: 38

و نظرات کریستوا درمنبع پیشین.

[95] اصل گفته دریدا. نگاه کنید به پانویس ۱۲

چهره دیگری را در کنار چهره رستم به عنوان قهرمان ملی بگذارد؟ یا او، فردوسی، به روایات عصر پارتی به دلایلی عنایتی نداشته است؟ آنچه ما اکنون از روایت آرش می‌دانیم بازگفت‌های از آن است در در دوران اسلامی و در کتابهای تاریخی همچون **مجمل التواریخ، آثارالباقیه**... و نیز اشاراتی در منظومه عاشقانه **ویس و رامین** که آن نیز خاستگاهی پارتی دارد:

شتابان‌تر به راه از تیر آرش

دو چشم از کین دل کرده چو آتش

کهن‌ترین روایت ازین اسطوره را در اوستا می‌یابیم و می‌توان چنین نتیجه گرفت که این اسطوره کهن تا قرون اسلامی در فرادهش شفاهی، سینه به سینه، و در خاطره مردمان ایرانی زنده بوده است.

در اسطوره‌ی آرش شعریتی هست که در کنه مضمون آن نهفته است: جدالی میان هستی و نیستی یک ملت. «مرگ» و «مرز» در آن درهم آمیخته‌اند تا «حد و رسمی» را از هویت ایرانی تعریف کنند. مرز سرزمین‌ها و ملت‌ها را از هم جدا می‌کند. در بعدی مکانی، اسطوره آرش تعیین سرحد یک سرزمین است؛ اما در بعد نمادین، کنش شگفت قهرمان تعیین یک هویت از گذار مرگ است. مرز در اینجا میان هستی و نیستی یک ملت کشیده است. آن سوی مرز مرگ است؛ از مرز به آن سو دیگر کسی به زبان *من سخن نمی‌گوید*...

ملت را، به تعبیری از ارنست رنان، خاطره فداکاری‌ها و افتخارات می‌سازد که اغلب با سوگ و اندوه ملازمت دارد. در اسطوره آرش همه این سازمایه‌ها هست: فداکاری تا سرحد مرگ در کنشی شگفت. هویت همیشه تعیین هویت است و تیر پرتابی آرش هویتی ملی را تعیین می‌کند. این تعیین یا تعین بخشی هویت ملی آنگاه ناگزیر می‌شود که سامان امور ازهم فروپاشیده و همه چیز رو به نابسامانی گذاشته باشد. هویت جویی، احراز یک هویت ملی، آنگاه به صورت یک خواست یا دغدغه ذهنی در می‌آید که در پی شکستی هستی ملتی به خطر افتاده باشد، «ملت‌های غالب اگر به آن [هویت ملی] توجه کنند از نگرانی نیست... برای حفظ برتری سیاسی‌نظامی و اقتصادی یا فرهنگی است.»[96] از سوی دیگر باید گفت که کنش آرش نه در صحنه نبرد که پس از شکست از دشمن و در پاسخ به تحقیر او، به زبان امروز در دوره‌ای از یک صلح مسلح، انجام گرفته است. دشمن ملیت قهرمان را با پیشنهاد پرتاب تیر برای تعیین مرز تحقیر کرده و درواقع آن را انکار کرده است. پرواز تیر آرش از سپیده دم تا غروب از

____

[96]مسکوب، ۲۵

قله دماوند تا کناره‌ی جیحون بر مضمون نمادین آن تأکید دارد؛ پروازی آرزو شده اما محال ... حتا مرز، آنجا که تیر قهرمان فرود می‌آید؛ نه صرف یک نقطه جغرافیایی، که سرحدی آرزو شده است. چرا تیر آرش از میان هرچیز و یا هر کجای دیگر بر درخت گردویی کهنسال فرود می‌آید؟ درخت گردویی که بنا بر اسطوره *بلندتر از آن در جهان نبوده است.*

این بر عهده مردم‌شناسان و اسطوره‌پژوهان است که به این پرسش پاسخ دهند، اما به تعبیری درخت گردو را می‌توان نمادی از عهد و تضمین یک عهد دانست. می‌توان گفت که کنش قهرمان گزاردن یک عهد است. این عهدی است که تنها با مرگ بدان وفا شده است. در این‌سوی آن گردوبن بر کناره جیحون، هستی و زندگی یک ملت جریان دارد؛ و در فراسوی آن نیستی است، مرگ یک فرهنگ، بیابان... ایران در تقابل با انیران این‌گونه در این اسطوره خود را تعریف می‌کند. می‌توان گفت که احراز هویتی ملی همچون یک عهد، آنچنان‌که اسطوره‌ی آرش آن را بازمی‌گوید، درون‌مایه‌ای تکرار شونده در همه قیام‌ها و خیزش‌های میهنی، چه به صورت جمعی و چه به صورت فردی، از فردای تسلط مسلمین بر سرزمین ایران تا زمان حاضر بوده است.

فروکاستن معنای کنش قهرمان به سروسامان دادن به اختلافات مرزی یا عملی «انقلابی» به مفهوم امروزین، چنانکه در روایت شعری کسرایی می‌بینیم، نازل کردن رخداد مرگ در این اسطوره با زدودن مضمون فرازمانی ودلالت‌های ژرفایی آن است. قهرمان می‌توانست در رویارویی فیزیکی و در صحنه نبرد با دشمن به این هدف برسد. چرا چنین نشده است؟ حتا در چهارچوب محاکاتی امروزین، که شعر کسرایی ناگزیر در آن شکل گرفته، چگونگی مرگ آدم داستان در راه چنان هدفی توجیه‌ناپذیر می‌ماند. در خوانش این اسطوره و در باز پرداخت آن به صورت یک منظومه جدید، ما به محاکات دیگری نیاز داریم. مرگ هسته‌ی گفتمانی این اسطوره است. بدون این مرگ و یا مرگ به گونه‌ای دیگر (و نه فقط در پی پرتاب یک تیر)، این روایت اسطوره‌ای سخنی ابتر می‌بود. قهرمان زخم نخورده است؛ تا هنگام مرگ تنی سرشار از نیرو دارد. مرگ در اینجا از پیش محتوم است. در خود تیر و کمانی که قهرمان به دست می‌گیرد این مرگ خانه کرده است.

در مرگ را آن بکوبد که پای

به اسپ اندر آرد بجنبد زجای[97]

---

[97] شاهنامه: رستم و سهراب

۵۷

این پیش‌آگاهی از مرگ را همچون رگه‌ای ایرانی در اسطوره‌ی کربلا هم می‌بینیم. اسلام‌گرایی سیاسی و انقلابی، برخلاف دیدگاه سنتی شیعه در این زمینه، پیش‌آگاهی قهرمان از مرگ محتوم خود را در اسطوره کربلا مردود اعلام می‌کند و در فولکوریات ایدئولوژیک خود انگیزه‌ی کنش قهرمان را صرفاً برقراری «حکومت اسلامی» و نوعی قیام رهایی بخش به مفهوم قرن بیستمی کلمه می‌داند. [98]

روشن است که چنین مرگی شگفت در چهارچوب محاکات معمول، در رشته‌ای از علت‌ها و معلول‌ها، باورپذیر نمی‌نماید. این مرگ با منطق معمول تناقضی دارد که ما را با پرسشی بی‌پاسخ روبرو می‌سازد: هستی از گذار مرگ؟ این چگونه هستیی است که تنها از گذار مرگ به دست می‌آید؟ با مرگ قرین است؟ ساز و کار اسطوره اما این پرسش بی‌پاسخ را همچون یک «راهبست» معنایی (aporia) پیش می‌نهد و نه یک «بن‌بست» مطلق معنا. به سخن دیگر، این راهبست یا «اپوریا» به معنای توقف معنا نیست: مرگ همچون سرانجامی ناگزیر... بلکه، ما را به یافتن پاسخ‌هایی دیگر، فراتر از منطق معمول، فرا می‌خواند. پایان در اینجا آغاز است و مرگ قهرمان همچون وفای به یک عهد کنشی است که رو به سوی آینده دارد. عهدی با آینده است.

این مفهوم راهبست را می‌توان در خوانش **بوف کور** هم در نظر داشت. و وضعیتی که راوی در این رمان شرح می‌دهد برخلاف انچه گفته‌اند یک «بن‌بست» نیست، [99] بلکه به معنایی که اشاره شد یک راهبست یا یک «اپوریا» است. در این روایت نیز راه بست پایان راه نیست، امکان یافتن راه‌هایی به کلی دیگر را طرح می‌کند. اگر **بوف کور** تنها مفهومی از بن‌بست را در قالب یک حدیث نفس و اوهام پردازی‌های افیونی ارایه می‌داد، پیام خود را با یکبار خوانده شدن به خواننده می‌رساند و تمام می‌شد. در حالی‌که ما در بوف کور با ساختاری پیچیده، موجز و پرداخته‌ای روبرو هستیم که به صورتی خلق‌الساعه نمی‌تواند روی کاغذ آمده باشد، «... هر خطش به عمد نوشته شده» است. گفته‌ای نقل شده از هدایت که در زیر می‌آوریم تایید این معناست و هم در آن حال که ساختار بوف کور نیز تأییدی بر صحت این بازگفت است:

«نه ... هرگز. بوف کور پُر از (effett) [شگرد] است. حساب و کتاب دقیق دارد. اگر در حالت نشئه بودم که نمی‌توانستم بنویسم. چرت می‌زدم. تو هم فکر می‌کنی که پرسناژ بوف کور من هستم؟ اشتباه، اشتباه محض! اتفاقاً درست برعکس بود. هر صفحه‌اش را مثل حامل موسیقی جلو خودم می‌گذاشتم و تنظیم می‌کردم. جاهاییش که به نظر خیالی می‌آید درست قسمت‌هایی است که

---

[98] بیاد بیاورید مباحثی را که در پی انتشار کتاب **شهید جاوید** میان این دو گرایش در گرفت و اندک زمانی پیش از انقلاب ۵۷ به قتل آیت‌الله شمس آبادی روحانی سنتی در اصفهان انجامید.
[99] «...هدایت خود را در یک بن‌بستِ هولناکِ تاریخی می‌بیند که راهِ برون‌رفتی از آن نمی‌شناسد.» داریوش آشوری: در«معمّای بوفِ کور» **رادیوزمانه**، اردیبهشت ۱۳۸۶.

کلمه به کلمه سبک و سنگین کرده‌ام. زهر را، چونکه توش زهر هست، زهر را چلانده‌ام و چکه چکه روی کاغذ ریخته‌ام. اول از خودم می‌پرسیدم که می‌خواهم چه بگویم و بعد می‌گشتم ببینم بهترین شکل و لحن برای گفتنش چیست؟... فقط تو نیستی که عوضی گرفته‌ای. از تو استادتر‌ها هم فکر می‌کنند که پرسناژ بوف کور خود من است. البته، چرا. حرف‌ها مال خودم است، ولی پرسناژش از من سواست. هر خطش به عمد نوشته شده... تصورات افیونی هم نیست».[100]

در واقع وضعیت ترسیم شده در بوف کور را در یک جمله پرسشی می‌توان چنین خلاصه کرد که «در این وضعیت ناممکن دیگر چه می‌توانم بکنم؟ و نه اینکه دیگر کار از کار گذشته است.» می‌توان گفت که این جمله پرسشی ناگفته در بوف کور به عنوان یک راهبست برگردانی است از آپوریایی که هاملت بر زبان می‌آورد: «بودن یا نبودن؟»... پرسشی که ما را در میان دو لبه‌ی تیز یک وضعیت متناقض مخیر می‌گذارد. اگر چنین نمی‌بود بوف کور همچون یک اثر ادبی «یکتایی» (singularity) [101] والا و تکرارپذیری خود را پیدا نمی‌کرد و اثری «خواندنی و بازخواندنی» نمی‌بود. تاریخ مصرف پیدا می‌کرد. هم از اینروست که می‌توان گفت **بوف کور** تبیین ادبی «ناسیونالیسم» ایرانی به مفهوم سیاسی کلمه هم نیست. **بوف کور** با طرح یک راه بست دغدغه دیگری را، دغدغه ایرانیت را همچون یک هویت، با خواننده‌اش در میان می‌گذارد. [102]

به اسطوره برگردیم. اسطوره‌ی آرش در تنیده‌ای از مرگ و مرز، چنانکه اشاره شد، احراز مدام هویت ایرانی است. روایتی از ایرانیت است. اگر هویت و در اینجا هویت ملی را روایت و یا قصه‌ای بدانیم، هویت ملی ایرانی در این اسطوره خود را تکرار می‌کند. هویت ملی ایرانی نه فقط با مرگ درآمیخته، بلکه قصه مرگ‌های یک ملیت است و ازینروست که هویتی سوگوار است. بیانی ازین هویت سوگوار را در این کلمات از ناصرخسرو می‌یابیم که همه آنچه را با مرگ یک ملیت از دست رفته به یاد می‌آورد:

کوت فریدون و کجا کی‌قباد؟

---

[100] نگاه کنید به گفتگوهای م. فرزانه با هدایت. ۱۱۲

[101] برای این اصطلاح «تکینگی» هم به کار برده‌اند که از مصطلحات ریاضی گرفته شده است.

[102] «...آجودانی در ساختار بوفِ کور بازتابِ شیفتگیِ شدید هدایت به ایران و تاریخ آن را می‌بیند، و نامِ ناسیونالیسمِ هدایت نیز در این میانه جایگاهِ ویژه‌ی خود را دارد.» نقل از آشوری، همانجا.

کوت خجسته علم کاویان؟

این همان «کوکو»ی فاخته‌ی خیامی است و یا نوحه جغد خاقانی در خرابه‌های
تیسفون. تجربه‌ی خاقانی را به رغم تلمحیاتی در شعر و تصریح شاعر بر «آینه‌ی
عبرت» نمی‌توان فقط در مقوله «عبرت» از تاریخ گنجاند. در تجربه عبرت کسی به
«درد سر» دچار نمی‌شود، از دیده خود «دوم دجله» بر خاک مدائن نمی‌راند و درد او را
نه خواندن «کم ترکوا» که تنها مگر گلابی از اشک و خاک فرومی‌نشاند. در بلاغت
سوگوار این شعر چیزی گفته می‌شود که از حد «عبرت» فراتر می‌رود و برای آن باید
به دنبال مفهوم دیگری بگردیم، اگر بتوان آن را به زبان مفهوم درآورد:

از نوحه جغد الحق ماییم به درد سر

از دیده گلابی کن درد سر ما بنشان

طنین این لحن سوگوار را در موسیقی ایرانی نیز می‌توان شنید. حزنی در عین
طرب و طربی در عین حزن. در سرتاسر بوف کور هم همان جغد تیسفون است که در
خرابه‌های یک فرهنگ نوحه سر داده است:

من اصلاً نقاش مرده‌ها بودم...

این سخن را می‌توان بدین معنا خواند که فرهنگ تاریخ مردگان است، نکته‌ای
که با تن بی‌جان «دختر اثیری» همچون تجسدی از یک فرهنگ بر آن تأکید می‌شود. در
روایت بوف کور هم«مرز» هست. نهر سورن همچون مرزی خیالی گذشته‌ای را از حال
جدا کرده است. [۱۰۳] در این سوی مرز، در زمان حال حاضر راوی، سیطره‌ی مرگ
است و در آن سو، زمان گذشته‌ای آرزو شده که راوی می‌خواهد جایی را در آن بیابد و
در آن جا زیر سایه سروی آسوده بنشیند:

اگر می‌توانستم زیر آن درخت سرو بنشینم...

---

[۱۰۳] این تعبیر زیبا از زنده‌یاد نادر نادرپور است. متأسفانه در جریان نوشتن این سطور منبع این سخن
او را پیدا نکرده‌ام.

هیچ استعاره‌ای به گویایی سرو در عین حال به ایجاز کلامی و تصویری آن در ادب و هنر ایرانی مفهوم وطن واحه‌ای را بیان نمی‌کند. می‌توان گفت که سرو پیش از آنکه معنایی از زیبایی یا آزادگی را تداعی کند نشانه‌ای از واحه‌ی سبز وطن در نبود آن است. در این جمله از بوف کور هم همچون شعر حافظ سرو اتفاقی به متن راه نیافته است. در هر دو متن سرو بر جایی دلالت دارد که هم جایی برای غنودن است و هم جایی برای مردن. در اکنون سخن جایی برای مردن است با یک «زخم» یا با یک «داغ» چنانکه می‌گوید:

به روز واقعه تابوت ما ز چوب سرو کنید...

که می‌رویم به داغ بلند بالایی

با نظر به این معنای دو گانه‌ی زیستن و مرگ که با وطن قرین است و با وامی از این مصرع حافظ: «ای نسیم سحر آرامگه یار کجاست؟» می‌توان گفت وطن (میهن) در ادب فارسی یک «آرامگه» است: واژه‌ای با معنایی دوپهلو که به معنای مسکن مألوفی گمشده؛ دیاری آرزوشده و جایی برای غنودن است و هم به معنای جایی برای مردن، مرگی از آن خود را مردن، و برای همیشه آرام گرفتن. تعبیری از وطن همچون یک آرامگه را می‌توان در نقطه‌ای بس دور از هدایت یا حافظ، در فرهنگی دیگر، اما با دغدغه هویت ملی در داستانی از جویس «مردگان» هم یافت که در پایان آن برفی فراگیر به آرامی بر سرتاسر خاک میهن فرومی‌بارد و منظر سرنوشتی مشترک را با همه زندگان و مردگانش دربرابر چشم گابریل «بیزار و خسته از وطن» می‌گشاید:

روزنامه‌ها راست می‌گفتند: در سراسر ایرلند برف آمده بود. برف بر تمام نقاط جلگه مرکزی، و بر تپه‌های بی‌درخت، و آنسوتر، بر امواج تیره و خروشان رودخانه شانون فرود می‌آمد. بر هر نقطه‌ی صحن آن کلیسای خلوت که مایکل فوری در آن مدفون بود نیز می‌نشست. بر چلیپاهای معوج و سنگهای گورها، وبر سر تیرهای دروازه‌های کوچک روبروی تیغهای بی‌بر می‌نشست. به شنیدن صدای برف که با رقت از میان کیهان فرود می‌آمد. ومانند هبوط واپسین همگان [مرگ]، آرام بر سر زندگان و مردگان می‌نشست...[104]

---

[104] برگرفته از ترجمه‌ی زنده‌یاد پرویز داریوش از **دوبلینی‌ها** (۱۳۴۶) با اندکی دستکاری. در اصل بوده است: «هبوط آخرین همه». درباره مسأله هویت ملی آیرلند (Irishness) و بازتاب‌های آن در آثار جویس و ییتس نگاه کنید به منبع زیر:

Eugene O'Brien: *The Irish Identity in the Writings of William Butler Yeast and James Joyce*, Edwin Mellen Press, 1998.

۶۱

سرو در حافظ و در هدایت هم، واژه‌ای است که با متن‌های دیگر، با استعاره‌ها و نمادهای دیگر در حال گفتگوست و هستی و زندگی را در برابر مرگ باز می‌نماید. در این دلالت ژرفایی همچون خود واژه ایران گره‌گاهی از یادهاست که به هنگام خوانش لحظه‌ای در زمان اسطوره گشوده می‌شود: درختی که زرتشت به دست خویش کاشت؛ و در لحظه‌ای دیگر، در روایت شاهنامه، در زمانی که همچون نور اوستایی بی‌آغاز است. در این زمانیت بی‌آغاز، لحظه‌ی زیبای پیدایی «مردم» با بالیدن سرو همانندی پیدا کرده است:

چو زین بگذری مردم آمد پدید

شد بندها را سراسر کلید

سرش راست بر شد چو سرو بلند

به کردار خوب و خرد کاربند

آهنگر مرد

این سخنی به گزاف نیست اگر بگوییم روایتی شعری حماسی را نمی‌توان یافت که همچون شاهنامه هویت یک ملت با نام و نشان در آن آمده باشد. اگر رمان در فرهنگ اروپایی ملیت را همچون فضایی ملموس در اذهان خوانندگان خود شکل داد، شاهنامه سده‌ها پیش از آن حسی از «دیرینگی تاریخی، پایستگی ملی، پیوستگی زبانی و هویت فرهنگی» را همچون یک ذهنیت برای ایرانیان فراهم ساخته بود.[105] شاهنامه زمانی سروده شد که بیش از یک سده از نوزایی زبان فارسی و پیدایی شعر در این زبان می‌گذشت. نقش سلسله‌های ایرانی را در این تحول نمی‌توان نادیده گرفت. در آن دوره از تاریخ ایران، سلسله‌هایی، چه مستقل و چه نیمه مستقل، به ویژه در شرق ایران پدید آمده بودند که مشوق روح و آگاهی ملی ایرانی و مروج احترام به میراث و زبان گذشتگان پیشااسلامی خود بودند. اما این همه بدان معنا نیست که در زمانه فردوسی همه چیز به کام بود.

---

[105] جلال خالقی مطلق: «ایران درگذشت روزگاران»، (**گنجینه**، شماره ۳، ۱۳۸۹)، ۶۶

شاهنامه نیز از نخستین بیت تا پایان احراز یک هویت است. احراز هویت تا زمانی که آن هویت به خطر نیفتاده باشد تحصیل حاصل است و کسی سی سال عمر خود را بر سر آن مایه نمی‌گذارد. از منظری تاریخی می‌توان گفت که مردم همزمان فردوسی هنوز زبان بریدن‌ها، کتاب سوزان‌ها و قتل‌عام‌های سده‌های نخستین تاریخ ایران اسلامی را فراموش نکرده بودند.

«خدای بیخ و بن تو از جهان براندازد که بیخ و بن فارسی را برافکندی.»[106]

از زمان کلمات نقل قول شده در بالا تا زمان فردوسی، زبان فارسی اگرچه در خراسان زبان توده‌های مردم بود، اما در تمامی ایران و زیر سیطره‌ی زبان عربی زبان اقلیت به شمار می‌رفت. یا به سخنی دیگر، زبان مقهور فرهنگی در اقلیت بود که کم کم به صورت ساحتی از مقاومت درآمد.

یاد آوری این سخن مقدسی در اینجا بجاست که درباره‌ی فردوسی و زادگاهش «توس» می‌نویسد که او از شهری «کانون راهزنان و لانه‌سرکشان» برخاسته بود. سرانجام کار خود فردوسی با سلطان محمود غز هم حدیث زمانه‌ای است که او در آن می‌زیست، «آن [کاروان] نیل به سلامت به شهر طبران رسید، از دروازه‌ی رودبار اشتر در می‌شد و جنازه‌ی فردوسی به دروازه‌ی رزان بیرون همی بردند.»[107] اگر حتا ادیب و پژوهنده‌ای همچون مینوی با ضرس قاطع بگوید که این داستان یک «جعل» تاریخی است، می‌توان پرسید که چرا باید چنین داستانی جعل شده باشد؟ چنین روایتی حتا اگر بر ساخته نظامی عروضی باشد، ذهنیت زمانه‌ای را بیان می‌کند. هنوز حاکمان ترک و غز که به اسلام گرویده بودند، با تعصب خاص نوکیشانه‌ی خود، از «بهر قدر عباسیان» انگشت در کرده و در همه جهان قرمطی می‌جستند و هرآنکس را که ازین طایفه می‌یافتند بر دار می‌کشیدند. در چنین زمانه‌ای شاهنامه، این «عصاره‌ی فرهنگ شعوبی ایرانی»[108]، یک گزاره ایجابی، گزاره‌ای به صورت تنها یک کلمه، یک «آری» به هویت ایرانی بود. زبان و فرهنگی که فردوسی با آن دم می‌زد، نه به فاتحان که به مغلوبان و اقلیت تعلق داشت. این خوانش خامی است که شاهنامه را کتاب شاهان و

---

[106] گفته‌ای از مردانشاه پسر زادان فرخ که پس از قتل پدر خطاب به صالح بن عبدالرحمن بر زبان می‌آورد بعد از آنکه به تشویق حجاج صالح خط دیوان محاسبات را از فارسی به عربی برمی‌گرداند. نقل از عبدالحسین زرین کوب، **دو قرن سکوت، 99**

[107] نظامی عروضی: **چهارمقاله** (تهران، 1341)، ص. 83

[108] خالقی، 13

مستبدان می‌داند و دستور رزم و بزم آنان. مستبدان و حاکمان، حتا آنان که تبار ناایرانی داشتند، مشروعیت خود را از شاهنامه می‌گرفتند و نه برعکس. [109]

شاهنامه تاریخ نیست، حتا آنگاه که از تاریخ سخن می‌گوید. خوانش‌های تاریخی از شاهنامه اگرچه در جای خود سودمند و راهگشایند، اما در خوانشی ادبی از متن شاهنامه نخست باید متن را از دست خوانش‌های تاریخی رهانید. روایت شاهنامه از تاریخ فراتر می‌رود [110] و در آن واقعیت و اسطوره از هم جدا شدنی نیستند. از رویکردی ادبی نام‌های خاص و ذکر رویدادها در شاهنامه همان قدر به لحاظ واقعیت‌های تاریخی قابل استناد هستند که نام‌های خاص و رویدادها در تراژدی‌های شکسپیر. می‌پرسیم که گوینده‌ی این سخن کیست؟ آنجا که در شاهنامه می‌خوانیم:

بسی رنج بردم در این سال سی

عجم زنده کردم بدین فارسی

برخلاف رویکردهای معمول (تاریخ‌ادبیاتی) به شاهنامه، ما در اینجا اقتدار کانونی (canonical) گوینده سخن را از او می‌گیریم. در خوانش ما از شاهنامه این شناسه‌ی (ضمیر) کوتاه فاعلی اول شخص مفرد به صورت یک «میم» پیوسته به فعل‌های «رنج بردن» و «زنده کردن» در شعر بالا به یک شخص خاص به نام فردوسی بازنمی‌گردد. زبان آن هم در متنی ادبی «شخص» نمی‌شناسد. این صدای راوی، یک «دهنده» سخن (گردآورنده روایات، آفریننده اولین و آخرین سخن) و بیرون از متن نیست، بلکه همچون یک «سوژه» خود مشروط در یک دهِش فرهنگی و حاصل آن است. به تعبیر رولان بارت «حافظه‌ی دواری»ی است [111] در درون متن که برخوردگاه همه آن نیروهای دلالی است که سرتاسر متن را از خود آکنده‌اند. در بیت یاد شده او که به زنده کردن دوباره هویت «عجم» اهتمام کرده، اگرچه همچون صدایی یکه در رویه سخن خود را می‌نمایاند، اما در واقع صدایی است به جای صداهای بسیار دیگر و آمیزه‌ای است ازخودآگاه و ناخودآگاه، عقل و سودا و گفتنی‌ها و ناگفتنی‌ها. اگر به روحی برای زمانه قایل باشیم، منِ سخنگو در اینجا روح زمانه‌ی او است.

از نگاهی تاریخی، حدود و ثغور سرزمینی به نام «ایران زمین» در شاهنامه روشن نیست. حتا پایتخت مشخصی نمی‌توان برای آن یافت. [112] در خوانش ادبی ما داده‌های جغرافیایی آمده در متن که گستره‌ای از دجله تا جیحون را در برمی‌گیرد، با

---

[109] Amanat, 4

[110] مسکوب، **درس گفتار** ۳، نسخه‌ی اینترنتی.

[111] A circular memory

[112] Dick Davis: « Iran and Aniran, The Shaping of a Legen» in **Iran facing Others**, 38

واقعیت‌های جغرافیای تاریخی تطابق نمی‌دهیم. این بر عهده خوانش‌های تاریخی است که واقعیت این داده‌ها و مختصات جغرافیایی آنها را در فلات ایران تعیین کنند. ایران در شاهنامه همچون متنی ادبی یک «نا-جا» است. اگر شاهنامه را در کل بیانی از هویت ایرانی به صورت یک سرنوشت بدانیم، این سرنوشتی مکانیت یافته است. مرکزیتی اگر بتوان برای آن یافت این مرکزیت همانا قصوی یا «عینیتی ناواقعی» [113] است. پاره‌ای از کج‌فهمی‌های گاه خنده‌دار از متن شاهنامه ریشه در تخلیط این دو مقوله تاریخی ـ قصوی دارد.

شاهنامه یک سرنوشت است؛ روایتی ملموس از ایرانیت. این سرنوشتی است که آن را زیسته‌اند؛ و هم اینکه، خواستار زیسته شدن است. در این متن نیز مرگ و ملیت در هم آمیخته‌اند. با شاهنامه است که ایرانیت نگاشته می‌شود و از این رهگذر به وجدان ملی در می‌آید. این ایرانیت سرنوشتی مشترک است و برخلاف پاره‌ای برداشت‌ها، به خون یا نژاد (تخمه) و یا قومیتی خاص تعلق ندارد. پاره‌ای قهرمانان در این اثر تباری غیر ایرانی یا فرا طبیعی دارند. رستم قهرمان ملی خود نمونه‌ای ازین چند رگگی نژادی یا قومیتی است. از یک سو نسب او به انیران می‌رسد و از سویی دیگر به مرغ افسانه‌ای سیمرغ [114]، و چنانکه اشاره شد، اگرچه از پیرامون است، اما به خدمت «کانون»، به سامان حکومتی (polity) ایران، کمر بسته است. به این دورگگی رستم در ابیات زیر برمی‌خوریم:

گر از دخت مهراب و از پورسام

برآید یکی تیغ تیز از نیام

به یک سو نه از گوهر ما بود

چو تریاک با زهر همتا بود؟

همچنین می‌بینیم که زن در شاهنامه حضور دارد و گاه تمامیت و آزادی میهن (میهن واژه‌ای مونث در زبان فارسی) با تن زنان و زیست آزاد آنان پیوند خورده است:

ببردند پس دخترانت اسیر

چنین کار دشخوار آسان مگیر

---

[113] برداشتی از این اصطلاح هوسرل: *Ireal objectivity*

114 Dick Davis: Iran and Aniran, 40

با این حال زنان کنشور در داستان‌های شاهنامه اغلب از تباری تورانی، هندی، رومی و هاماورانی‌اند.

ازینروست که می‌توان گفت شاهنامه هویتی را باز می‌نماید که برخلاف پاره‌ای برداشت‌ها در خود یکسان نیست؛ ناهمسان است. هم در آن حال که، در هر لحظه خود را در برابر دیگری «انیران» تعریف می‌کند. ضحاک مطلق این دیگری است. خود مرگ است، استیلای بیابان... در دوران حکمروایی اوست که کام دیوانگان پراگنده شده، هنر خوار و «جادویی» ارجمند گشته است. در چنین نابسامانی آنگاه که ایرانیت به احراز خود همچون هویتی ملی برمی‌خیزد تا سامانی دوباره را پی‌افکند، این احراز هویت به صورت کنشی نمادین با برافراشتن پرچمی از پیشبند آهنگر مرد شورشی به انجام می‌رسد:

چو کاوه برون شد ز درگاه شاه

برو انجمن گشت بازارگاه

همی بر خروشید و فریاد خواند

جهان را سراسر سوی داد خواند

ازان چرم کاهنگران پشت پای

بپوشند هنگام زخم درای

همان کاوه آن بر سر نیزه کرد

همانگه ز بازار برخاست گرد

ایرانیت در شاهنامه نه تنها مقوله‌ای ورا نژادی یا ورا قومی است، بلکه چنانکه در ابیات بالا، در روایت از خاستگاه پرچم ملی (درفش کاویان) آمده، این هویت همچنین مقوله‌ای ورا- طبقاتی است. پرچم «شیدوش» نماد این هویت ملی، چنانکه می‌بینیم، به دست مردی از لایه‌های پایینی برافراشته شده است:

یکی بی‌زیان مرد آهنگرم

ز شاه آتش آید همی بر سرم

و از آن پس این پرچم به صورت نمادی از ملیت ایرانی بود و نبود و شکست و پیروزی ایرانیان را باز می‌نماید. در صحنه‌ای از یک نبرد آنگاه که این درفش نبیل برخاک می‌افتد، به شرح زیر و با مرگ قهرمان است که دوباره برافراشته می‌گردد:

بدان شورش اندر میان سپاه

از آن زخم گردان و گردِ سیاه

بیفتاد از دست ایرانیان

درفشِ فروزنده‌ی کاویان

گرامی بدید آن درفش نبیل

که افکنده بودند از پشت پیل

فرود آمد برگرفتش ز خاک

بیفشاند ازو خاک و بسترد پاک

…

درفش فریدون به دندان گرفت

همی زد به یک دست گرز، ای شگفت

سرانجام کارش بکشتند زار

برآن گرم خاکش فگندند خوار!

نکته دیگری را که در اینجا نباید ناگفته گذاشت این است که زبانی هم که شاهنامه در آن سروده شده، برخلاف نام آن «فارسی دری»، پیش از آنکه زبان دربار و نخبگان باشد، زبان توده‌هایی بود که با ایستادگی و سر سختی خود آن را، به ویژه در خراسان، حفظ کرده بودند. اگر چنانکه به درستی گفته‌اند، اثری همچون شاهنامه در ادامه حیات زبان فارسی نقشی اساسی داشته است، اما در ادامه این حیات نقش مخاطبان شاهنامه را هم باید به دیده گرفت. این مردم پس از چهار سد سال، آنگاه که «... همه راه‌ها و کوشش‌های دیگر برای جدا شدن از تسلط عرب- که بعضی کوشش‌ها هدفش جدا شدن از اسلام هم بود- بی‌نتیجه ماند، به تاریخ خودشان برگشتند؛ و در جایگاه زبانشان استادند»[115] شاهنامه صورت نگاشته شده این خواست و دلبستگی مردمی است. پادشاهان

<hr>

[115] مسکوب، **هویت ایرانی و زبان فارسی**، ص. ۱۳

ایرانی تبار (بالایی‌ها) در ایران‌گرایی خود به این خواست مردم بود که پاسخ می‌دادند و برای خود تباری ساسانی یا اشکانی می‌جستند.

در آیگاه یادها...

ایران در شاهنامه نه یک نام خاص که می‌توان گفت یک فعل است؛ یک «نامش» است، به معنای کنش زنده کردن یا فراروی آوردن آنچه فقط (در خاطر) نشانی از آن بوده است. لحظات روایی شاهنامه در واقع هرکدام تصریفی ملموس از همین فعل است:

چو عیسی من این مردگان را تمام

سراسر همه زنده کردم به نام

به رغم لحن فاتحانه، اما در این سخن تناقضی هست: آینده‌ای که در گذشته جستجو می‌شود؛ گذشته‌ای که در «من» هم زنده است و هم مرده. آنچه در اینجا به نام می‌شود، آنچه به یاد آورده می‌شود (چیزی بس کهن‌تر و عظیم‌تر از تنگنای ذهنیت فانی یادآورنده و جدا از او)، هرگز باز نمی‌گردد؛ هرگز زنده نمی‌شود. این حرکت مسیحایی احیای مردگان حرکتی معطوف به شکست است؛ در واقع حرکتی است سوگوار. اگر بپذیریم که در دل هر سوگواری یادی (خاطره‌ای) هست، پس می‌توانیم بگوییم که هر یادآوری یک سوگواری است، صورتی از سوگواری است. ما در اینجا نیز نه با یک تناقض منطقی که با یک «راه بست» معنایی روبروایم: زنده کردن آنچه مرده است. ناممکنی که فقط در سخن ممکن شده است.

می‌توانیم در اینجا به جای وضعیت «میانین»‌ی که واژه در متن پیدا می‌کند،[116] (در اصطلاح کریستوا چنان‌که اشاره شد و به معنای تلاقی‌گاه واژه با دیگر متن‌ها: بینامتنیت)، بگوییم که واژه‌ی ایران یک درآیگاه است که متن شاهنامه آن را در برابر ما باز می‌گشاید: درآیگاه یادها... با نامش ایران در متن، ایرانیت موضوعیتی

____

[116] ‘the status of mediator’

٦٨

قصوی پیدا می‌کند؛ درونمایه (موضوع) اصلی داستان‌های شاهنامه می‌گردد و می‌توان آن را همچون هویتی سوگوار به مفهوم در آورد. درونمایه یک قصه تام و تمام را همواره می‌توان و باید بتوان در قالب یک مفهوم یا عبارتی ساده و فشرده بازگفت. سخن از فرّ و شکوه گذشته در این متن درواقع سخن از فر و شکوهی در نبود آن است. این یادآوری سوگوار کنشی است در برابر مرگ. هویت و مرگ در این سوگوارگی یاد به هم گره خورده‌اند. خنده‌آور است که کسانی سخن گفتن از شکوه گذشته‌ای مرده را در شاهنامه، زنده کردن نام‌هایی از آن گذشته را، از مقوله تفاخرات ملی دانسته و آن را با بلاغیات برساخته‌ی شوونیستی به مفهوم امروزین یکسان گرفته‌اند. راوی شاهنامه نه از فراز آن گذشته، بلکه در فرود آن گذشته و در سوگ آن است که سخن می‌سراید.

آری، چنین است که با سخن گفتن از مرگ گذشته‌ای که زمانی بوده است، که اکنون دیگر نیست، شاهنامه «راز پیکر مردگان کاخ و میدان می‌سازد و از آتش و دود باغ و گلشن ...»[117] و در این «زنده کردن به نام ایرانیتی را برمی‌سازد که همچون خود زبان فارسی اساس پیوستگی و همدردی» فرهنگ ایرانی است و می‌بینیم که «حتا کسانی چون خیام و خاقانی و نظامی و حافظ که هر یک مرکزی از دوایر فرهنگ این سرزمین‌اند، با همه دگراندیشی‌هایی که آنها را از هم جدا می‌کند، در طیف ایرانیت شاهنامه افتاده‌اند.» این ایرانیت، این آمیزه سوگ و یاد، از سرچشمه شاهنامه است که، باز هم به گفته‌ی جلال خالقی مطلق، همچون شرابی بی‌غش «همه سخنوران پس از خود را از درد ایران دردآلود کرده است.»[118] اگر در متون ادب فارسی در بیان این هویت ما با دوایر متحد المرکزی از نیروهای دلالی سروکار داریم، شاهنامه نیز گرداگرد این مفهوم بنیادین دوایر دلالی خود را ترسیم کرده است. اما در کانون این دوایر دلالی صورت‌بندی ادبی هویت سوگوار ایرانی را به کوتاه و روشن‌ترین سخن در این بیت از شاهنامه می‌توان یافت. ایرانیت همچون هویتی سوگوار در متون ادب اعصار و قرون بعد تکرار همین پرسش کوتاه است:

که گیتی به آغاز چون داشتند

که ایدون به ما خوار بگذاشتند

هر معنایی کارکردی از زبان است. می‌پرسیم ایرانیت این هویت پیچیده، متناقض، که از هر تعریفی ذات‌گرایانه می‌گریزد و به سادگی در قالب تصنعات معانی بیانی نمی‌گنجد[119]، چگونه در سخن شاهنامه بازنموده شده است؟ اگر مجازی را در بیان

---

[117] خالقی، ۱۳
[118] همانجا
119 Davis, « Iran and Aniran...», 38

این معنا در کل سخن شاهنامه بتوان پیدا کرد، این مجاز را چگونه می‌توانیم تعریف کنیم. آیا زبان تعریفی برای آن هست؟

برای یافتن پاسخ ما بایست نخست در چند ویژگی مهم سخن شاهنامه درنگ کنیم. در خوانش ما شاهنامه همچون یک متن، پیش از هر چیز دیگر، یک فضای روایی است. ایرانیت را نمی‌توان از مادیت این فضا، از زبان آن، جدا کرد. زبان در این متن خود بخشی از معناست. ایرانیت همچون یک پیام در مادیت ویژه این زبان است که پیکره گرفته است. اینکه فردوسی را «پدر زبان فارسی» دانسته، و پس آنگاه، او را از این مقام پدری عزل کرده‌اند، هردو حکم لغوی است. زبان همیشه زبان مادر است؛ زبان مادری است؛ ادامه تن مادر است. آری، دایره‌ی واژگان شاهنامه، تا حد امکان بر روی واژه‌های بیگانه (عربی) بسته است، اما این بدان معنا نیست که کار سراینده شاهنامه در فراهم کردن قاموسی منظوم از واژگان فارسی خلاصه می‌شود. فراهم ساختن چنان قاموسی هیچ تضمینی برای ماندگاری و ادامه حیات زبان فارسی نمی‌بود. این فروبستن دایره واژگان بر روی لغات و ترکیبات غیر فارسی و پراکندن «تخم سخن» کنشی آگاهانه برای احراز یک هویت در برابر مرگ و فراموشی بوده است. می‌توان گفت که ایرانیت پیش از آنکه در شاهنامه بیان شده باشد در مادیت زبان متن آن به اجرا درآمده است:

جهان از سخن کرده‌ام چون بهشت

ازین بیش تخم سخن کس نکشت

در شاهنامه سخن تنها به معنای کلام نیست، بلکه به معنای «رویداد، کار، واقعیت، سرگذشت» به کار رفته است. [120] با توجه به این معانی چندگانه به ویژگی دیگری از سخن شاهنامه باید اشاره کرد و آن این است که شاهنامه همچون یک متن ادبی (فضایی روایی) سراسر سخنی گزاردی (اجرایی، انشایی) است و نه سخنی گزارشی (خبری). [121] تمیز این دو نحوه‌ی سخن در شاهنامه همچون هرمتن ادبی دیگر صورت پذیر نیست. این سخن همچون یک سرنوشت ما را در هرلحظه در خود درگیر می‌کند و چنین است که شنونده برآن «دل می‌نهد.» این گفته‌ی شاهرخ مسکوب که شاهنامه روح زمانه خود را به آینده انتقال می‌دهد، در ساز و کار همین ویژگی «گزاردی» سخن قابل

---

[120] خالقی، «ازشاهنامه تا خدای‌نامه» **نامه‌ی ایران باستان** (شماره‌ی اول و دوم ۱۳۸۶)، ص. ۱۲

[121] گزاردی (از فعل گزاردن) یا «انشایی» در اصطلاح قدما و در برابر performative وگزارشی در برابر اصطلاح قدیمی «خبری» constative.

توضیح است. این سخن همچون هر سخن ناب شعری همواره خواستار بلند خوانده شدن و به خاطر سپرده شدن است و به هنگام بلند خوانده شدن با وزن و آهنگ خود در تن رسوخ می‌کند و آن را هماهنگ با موسیقی خود به حرکت و جنبش درمی‌آورد. این دو کارکرد را می‌توان در هنر نقالی و و آیین زورخانه‌ها به روشنی دید. اگر ما در این متن به دنبال سخنی گزارشی (خبری) باشیم کارمان به برداشت‌های سطحی و نابهنگامین خواهد کشید. داستان شاهنامه را با اینکه مخاطب بارها و بارها شنیده و پایان آن را می‌داند باز به آن گوش فرا می‌دهد. در قهوه‌خانه‌ها شنوندگان سوگنامه رستم و سهراب با اینکه سرانجام ماجرا را می‌دانسته‌اند، اما گاهی نذر می‌کرده‌اند که این بار پدر از کشتن فرزند خود درگذرد. در جوامع ایلی گذاشتن نام یکی از قهرمانان شاهنامه بر فرزند پسر یا دختر به گونه‌ای واگذاشت سرنوشت آن قهرمان به کودک تازه به دنیا آمده بوده است.[۱۲۲]

ویژگی دیگر اینکه، این سخن در هر لحظه «دیگری» خود را، هر آنچه در ترجمه آن از دست می‌رود را، به رخ می‌کشد؛ پر از یاد است؛ در همان حال که خود سخنی دیگر است. فقط کارنامه‌ای منظوم از اعمال و ایام گذشتگان نیست. نه همانندی پیش از خود داشته و نه پس از سرایش اثری هم طراز آن در ادب فارسی آفریده شده است. داستانی است از باستان که تا پیش از آن چنین به سخن شعر در نیامده بوده است:

بدانستم آمد زمان سخن

کنون نو شود روزگار کهن

...

کنون بشنو از من یکی داستان

کزین گونه نشنیدی از باستان

این گوهره یگانه شاهنامه را می‌توان آن چیزی دانست که پیشتر از آن به عنوان «ابداع» یاد کردیم. اساس این ابداع و شاهنامه همچون یک ابداع را می‌توان در بیت زیر یافت:

<hr>

[۱۲۲] این نکته را نقل کرده‌ام از داستان بلند **کابوس‌های اقلیمی** («علف ایام»، عنوان پیشنهادی نگارنده به نویسنده آن اثر پرویز زاهدی) که در آن راوی احوالات ایل بختیاری را از «زمستانجا» تا «بهارجا» منزل به منزل پی گرفته است. این دو اصطلاح زمستانجا و بهارجا را در برابر ییلاق و قشلاق از زبان دختر جوانی از ایل بختیاری شنیده‌ام که با پای برهنه بر سنگ‌های کوه چنان می‌خرامید که زیباترین مانکن‌های مد بر فرشی از مخمل.

توانم مگر پایه‌ای ساختن

بر شاخ آن سرو سایه فکن؟

ما در اینجا با شرط لازم هر ابداعی در سخن در قالب یک پرسش روبروییم. سرو سایه فکن استعاره‌ای از فرادهشی پیشینی است که سخنی نو باید بر تنه‌ی آن پایه‌ریزی شود: سخنی نو که به تعریف خود شاهنامه «نو است تا هست گیتی کهن» هم در آن حال که وامدار گذشته است: ابداع (invention) به معنای کامل کلمه. همچنین می‌خوانیم که

سخن هر چه گویم همه گفته‌اند

بر باغ دانش همه رفته‌اند

در این بیت با ایجاز و به زیبایی هر چه تمام‌تر معضل ابداع، تجربه سهمگین آوردن سخنی نو (دیگر)، به بیان درآمده است. چه چیزی را می‌توان ابداع گفت؟ از چه چیزی می‌توان سخن گفت که پیش از آن گفته نشده باشد؟ «چه چیزی را این بار می‌توانم ابداع کنم؟...»[123] معضل طرح شده تمامی حجیت سخن‌گو را در گفتن سخن نو به زیر پرسش می‌برد. هر ابداعی بدین معنا ممکنی است در محال.

می‌توان گفت که ابداع شاهنامه و یا شاهنامه همچون یک ابداع برآیندی از آگاهی نوین تاریخی‌ای بود که می‌توان از آن به عنوان بیداری ملی ایرانیان پس از چهار سد سال یاد کرد. ابداع شاهنامه در خراسان، دل تپنده این آگاهی، می‌توانست رخ دهد؛ و بیفزاییم که هر ابداعی ازین نوع یک «رخداد» است؛ امری محاسبه‌ناپذیر، یکه، و تقلیدناپذیر. تنها یکبار اتفاق می‌افتد، اما اثرگذار است در آنچه پس از آن خواهد آمد: «همه سخنوران پس از خود را از درد ایران دردآلود کرده است.» رمز ماندگاری شاهنامه را نه فقط در مضامین تاریخی و اسطوره‌ای که در سخن بدیع آن باید گُشود و نیز تفاوت آشکارش را با تجربه‌های پیش از آن و نیز آنچه بعدها در هماوردی با آن به نظم کشیده‌اند. این سخن بی‌ربطی است که فقط می‌تواند گستاخانه بر زبان مدرنیستی ناآگاه اما مدعی در همه‌چیز بیاید که کار فردوسی فقط «به نظم کشیدن» خداینامه‌ها یا دیگر روایات موجود در زمانش بوده است و بس. ابداع به معنایی که اینجا مد نظر است، و ما به پاره‌ای ویژگی‌های آن پیشتر اشاره کرده‌ایم، صرف نوآوری نیست. نوآوری درنهایت

---

[123] Jacques Derrida: «Psyche, Invention of Other» in **Acts of Literature**, D.Attridge ed. (Routledge, 1992), 311

بسیج آنچه گفته شده در آرایشی تازه است؛ در حالی‌که، ابداع نخست یک بدعت است؛ گسستی است از آنچه تاکنون بوده، از «همان»، و آوردن سخنی به کلی «دیگر». ابداع بدین معنا یک «یافتن» است، نه بافتنِ آنچه بوده در اسلوبی نو. شگفت در اینجا وقوفی است که فردوسی بر کار خود، بر ابداع همچون امری وقوف‌پذیر، داشته است:

نمیرم که ازین پس که من زنده‌ام

که تخم سخن را پراکنده‌ام

و یا:

من این نامه فرخ گرفتم به فال

همی رنج بردم به بسیار سال

وقوفی چنین بر امر وقوف‌ناپذیر ابداع را ما سده‌ها پس از فردوسی فقط در کار نیما یوشیج می‌بینیم: «گوش من از صدای آیندگان پر است.»[124]

ویژگی سومی را نیز باید در اینجا اما به صورت یک پرسش طرح کرد. اینکه، اگر شاهنامه متنی روایی است، محاکات در آن بر چه ساز و نهادی استوار است؟ و اگر ایران «مجاز»ی است که سرتاسر فضای قصوی شاهنامه گستره‌ی عملکرد آن و بازنمودی گسترش یافته از آن است، این مجاز چگونه مجازی است؟ می‌توان گفت این مجاز را باید در دیگریت زبان شاهنامه و در دیگریت شاهنامه همچون یک ابداع جستجو کرد. اما پرسش دیگری که پیش می‌آید این است که در نبود تحلیلی روایت شناختی چگونه می‌توان ساختار دلالی این متن را همچون یک فضای قصوی باز خواند تا بتوان تعریفی از آن مجاز به دست داد؟

زمانی به درستی گفته می‌شد ما هنوز نسخه‌ای ویراسته از شاهنامه در دست نداریم. اکنون با کوشش‌هایی که در زمینه نسخه‌شناسی شاهنامه انجام گرفته می‌توان گفت که شاهنامه‌پژوهی دیگر با چنان کمبودی روبرو نیست. اما ما هنوز خوانشی روایت‌شناختی از این متن در دست نداریم. این خوانش روایت‌شناختی که پیش از هر چیز دیگر به ادبیت چنین متنی می‌پردازد، باید نسبت شعریت این متن را با ساختار حماسی آن روشن سازد. محاکات و کیفیت دراماتیک در داستان‌های شاهنامه بر چه اساسی است؟ کنش و شخصیت در این متن روایی چگونه بازنمایی شده‌اند؟ سازمایه‌های تراژیک در داستان‌های شاهنامه چیست؟ و در نهایت اینکه، آیا می‌توان از دل این متن به

---

[124] نیما یوشیج: **جهان خانه من است** (زمان، ۱۳۵۰)، ۸۶. به معضل «ابداع» به خصوص در زمینه کار نیما اگر فرصتی دست دهد به تفصیل در آینده و در نوشته‌ای جداگانه پرداخته خواهد شد.

۷۳

خطوطی بنیادین از محاکاتی (mimesis) ویژه و از آن خود این متن، بیرون از حیطه‌ی «لوگوس» یونانی، دست یافت و آن را تعریف کرد؟

کتاب‌های بلاغی و معانی بیان کلاسیک (عربی و فارسی) در این زمینه حرفی برای گفتن ندارند. می‌توان با این گفته بورخس موافق بود که مسلمین همچون ابن‌رشد[125] در خوانش بوطیقای ارسطو از درک مفهوم «بازنمایی» ناتوان بودند و اصول فن شعر در نزد آنان برمبنای همین کج‌فهمی یا نافهمی متن مدون شده است. در مقدمه ترجمه‌ای از بوطیقا به فارسی از متن یونانی می‌خوانیم که «تاثیر رساله ارسطو (بوطیقا) را نزد ادبا و فیلسوفان اسلامی به آسانی نتوان یافت. البته پیچیدگی و نامفهومی ترجمه و عدم آشنایی مسلمانان با نمایش یونانی به ویژه اصول و ترتیب ترگودیا، آنان را از استفاده باز داشت.»[126] و در نتیجه، «یک نظر منطقی به رساله مذکور که از مقصود ارسطو فرسنگ‌ها دور بود»[127] این منقصت کلاسیک را حتا در ترجمه‌های اخیر از بوطیقا به فارسی هم می‌بینیم، ترجمه‌هایی که برداشت‌های اولیه از این متن به عربی یا فارسی اساس کارشان بوده است؛ و در نتیجه، در آنها مثلا شخصیت و شخصیت پردازی به «سیرت» یا«تنسیق صفات» و یا «ترگودیا» و «کومدیا» به «مدیح» و «هجا» برگردانده شده است. از این میان شاید هنوز بتوان اصطلاح «محاکات» را در برابر (mimesis) به کار گرفت که به ویژه تنها در هنرهای کلامی کاربرد می‌تواند داشته باشد. اگر مباحث صناعی لفظ و معنا را به کنار نهیم، آنچه را در برگردان‌ها یا اقتباسات فارسی یا عربی از بوطیقا نمی‌توان یافت ژرفش در ساخت‌های روایی یا نمایشی است. مترجمان و شارحان اولیه‌ی بوطیقا به عربی یا فارسی حتا اگر رویکردی ادبی داشتند، در آن متن تنها به دنبال معیارهایی برای تعریف و توصیف اعجازات لفظی در قرآن می‌گشتند. قرآن اما داستان نمی‌گفت. پس عجب نیست اگر می‌بینیم که در مباحث صناعی ادبی گذشتگان تنها به برشی خطی و نه ژرفایی سخن پرداخته شده است.

از سوی دیگر، در جستجو برای یافتن خطوط بنیادین حکایی در شاهنامه ما نمی‌توانیم یکسره بر منابع و نظریه‌های دیگران اتکا کنیم. برای نمونه و به کوتاه سخن، ایراداتی که هگل بر شاهنامه می‌گیرد و آن را شعر حماسی به تمام معنا (proper) نمی‌داند، از اتفاق ما را برآن می‌دارد که بر ادبیت سخن شاهنامه، برشعریت آن، بیشتر تأکید کنیم (با تعاریفی که لزوما با تعاریف زیبا شناختی هگل منطبق نخواهد بود) و در پی یافتن تعریفی از محاکات در شاهنامه باشیم که از دل خود این متن بیرون کشیده شده باشد. هگل در خوانشی که از ترجمه سخن شاهنامه داشته است آن را همچون «جهانی خیالی (fantastic)» می‌داند که در آن چهره‌های اسطوره‌ای و فرادهش‌ها مشوب و معلق‌اند؛ چنین جهان ترسیم شده‌ای به زعم او فاقد زمانیت و مکانیت مشخصی در

---

[125] أبوالولید محمد بن أحمد بن محمد بن أحمد بن رشد ۵۲۰–۵۹۵ هـ. فیلسوف و طبیب و فقیه اندلسی.

[126] سهیل افنان: **درباره هنر شعر** (آکسفورد، ۱۹۴۷) ص. ۶۷

[127] افنان، همان، ص. ۶۸

بازنمایی آداب و رسوم عصر پهلوانی است؛ فرد و دودمان (clan) در آن به هم مشتبه شده‌اند (تا آنجاکه ما نمی‌دانیم که شاعر از زبان کدام یک سخن می‌گوید) و خود بسایندگی (self-enclosed) کنش فردی که کانون شعر حماسی را می‌سازد، در سخن فردوسی (آن باغبان‌زاده اهل طوس! اشتباه هگل) به چشم نمی‌خورد.... اساس داوری‌های هگل را می‌توان در این پیش فرض یافت که فردوسی به لحاظ بعد زمانی نمی‌توانسته در «هوای تازه‌ی زندگی» بی‌واسطه‌ی عصر پهلوانی دم زده باشد و ازینرو شعر او فاقد این «خصلت جداناشدنی» حماسه ملی است.[۱۲۸] در اینجا پرسشی ناگزیر پیش می‌آید که به ویژگی‌ناپذیر دیگری از سخن شاهنامه، روایی بودن آن، برمی‌گردد. پرسش این است که با توجه به ماهیت روایت آیا به لحاظ نظری می‌توان روایت شاهنامه و یا هر روایت دیگری را بازتابی «بی‌واسطه» و آنی از واقعه‌ای بیرونی دانست؟ آیا مثلا در ایلیاد و ادیسه (حتا اگر واقعیت هومر را به عنوان یک شخص در زمانی و مکانی معین مفروض دانسته باشیم)، زمان روایت کردن با زمان وقوع وقایع در «عصر کودکی» انسان یونانی در انطباق کامل بوده است؟ یا آنکه، به لحاظ ماهیت روایت بین این دو لامحاله فاصله‌ای زمانی برقرار است؟ روایت در حین وقوع واقعه نمی‌تواند صورت گیرد. روایت (داستان) همیشه شهادت بر امری است که اتفاق افتاده است. در تعریف بوطیقایی برای شاهنامه، این منظومه حماسی و ملی، ما از اتفاق بر «خیالی» بودن جهانی که ترسیم می‌کند تأکید می‌کنیم. این جهان نه واقعیتی بی‌واسطه که جهانی آرزو شده است و سخنی که آن را بازتاب می‌دهد چنین جهانی را فقط خیال می‌کند. این سخن چیزی نیست مگر خیالی در زبان.[۱۲۹]

پرسش این است که شاهنامه چگونه از این جهان خیالی، آرزوشده، محاکات می‌کند؟ چگونه این متن مخاطب خود را در طول قرن‌ها فریفته است؟ آن حس خوش «تعلیق ناباوری» در این متن روایی حماسی چگونه ممکن شده است؟ اگر این بیت را همچون گزاره بنیادین محاکات در شاهنامه بدانیم، آنجا که می‌گوید،

جهان پر شگفت است چون بنگری

ندارد کس آلت داوری

آیا چنین نگرشی بر جهان و دعوت به صرف نگریستن به چنین ساز و کاری شگفت ما را با ساز و نهاد محاکاتی دیگر و از آن خود شاهنامه روبرو نمی‌سازد؟ چنین محاکاتی از ما فقط رجوع به «خود» (اساس همدلی) و فروتنی در برابر جهانی پرفسوس

---

[128] G.W.Hegel, **Aesthetics**, T.M. Knox trans.Volume II (Oxford, 1975), 1098
نگاه کنید به ترجمه‌ی انگلیسی سخن هگل درباره‌ی شاهنامه ازکتاب **زیبا شناسی**، پیوست ۳.
[۱۲۹] داستان همچون «خیال زبان» تعبیری از براهنی در **آزاده خانم**.

(جهان همچون دیگری) را می‌طلبد و ازین رهگذر اگر نگوییم بی‌معنایی «داوری» را که مخاطره و صعوبت آن را را گوشزد می‌کند. اگر بتوان حقیقتی را برای این بازنمایی در نظر گرفت، این حقیقت به شدت مشروط در زمانیت و مکانیت ذهنیت و تن ما ناظران شگفتی این جهان است:

که جانت شگفت است و تن هم شگفت

نخست از خود اندازه باید گرفت

در این محاکات «جان» از «تن» جدا نیست؛ و پس لاجرم «سخن» از «خرد»؛ «صورت» از «محتوا»؛ «شعر» از «خطابه»؛ «سوگ» از «شادی» و «مرگ» از «زندگی» نیز از هم جداشدنی نیستند؛ در برابر هم نیستند، بلکه هریک پاره‌های آن شگفتِ کلی را تشکیل می‌دهند. حتا به لحاظ صوری نیز ساز و کار این محاکات را نمی‌توان و نباید با آموزه‌های بوطیقایی یونانی اندازه گرفت. در این سازوکار بخش‌های خطابی متن را نیز می‌توان روایی به حساب آورد: درنگگاه‌هایی که پیوند زمانی یا موضوعی داستان‌ها را شکل می‌دهند. به سخنی خاص‌تر و دقیق‌تر، این پاره‌های خطابی همچون قاب‌هایی (گفتمانی) از درونه خود (تصاویر روایی) جدایی‌ناپذیرند... یا می‌بینیم که، برخلاف آموزه ارسطویی، رجحان «کردار» بر «گفتار»؛ «نشان دادن» بر «گفتن» در جریان داستان در هم می‌ریزد، اما از پیوستگی تاثیر کل داستان نمی‌کاهد. یا مثلا، در مطلع سوگنامه رستم و سهراب نسبت طلایی «آغاز»؛ «میان»؛ و «پایان» بازگون شده و سراینده داستان را با درنگی گفتمانی درباره‌ی پایان داستان، مرگ قهرمان، و با تاملی در خود مرگ، پایانِ پایان‌ها، آغاز می‌کند:

کنون رزم سهراب و رستم شنو

دگرها شنیدستی این هم شنو

یکی داستانست پرآب چشم

دل نازک از رستم آید به خشم

اگر تندبادی برآید ز کنج

به خاک افکند نارسیده ترنج

ستمکاره خوانمش ار دادگر

هنرمند گویمش ار بی‌هنر

اگر مرگ دادست بیداد چیست؟

ز داد این همه بانگ و فریاد چیست؟

از این راز جان تو آگاه نیست

بدین پرده اندر ترا راه نیست

نهفتِ سخن

... همان به که دارم سخن در نهفت ـ شاهنامه

از منظری کلی می‌توان گفت که در شاهنامه نیز، همچون هر متن روایی دیگر، محاکات برپایه‌ی بیان موضوعی کلی در قالب (صورت)ی جزیی و ملموس استوار است. و باز با در نظر گرفتن چنین ساز و کاری است که می‌توان گفت شاهنامه، همچون هر متن روایی دیگر، در کل یک مجاز به معنای وسیع کلمه است. می‌پرسیم در این متن ادبی مفهوم ایرانیت چگونه قالبی ملموس به خود گرفته است؟ و یا به سخنی دقیق‌تر، در «ایران» به عنوان یک مجاز، چه رابطه‌ای میان کل و جزء برقرار است؟ در جستجوی پاسخی برای این پرسش مفهوم «رمز» و کاربست آن در صفحات نخستین شاهنامه می‌تواند نقطه آغازی باشد:

تو این را دروغ و فسانه مدان

به یکسان رَوشن زمانه مدان

ازو هرچه اندر خورد با خرد

دگر بر رهِ «رمز» معنا برد

رمز در اینجا به چه معناست؟ آیا شاهنامه تاریخی به زبان تمثیل است؟ در همان زمانه فردوسی تاریخنگاری، آنچنانکه در کار بیهقی می‌بینیم، حتا به گونه‌ای «عینیت‌گرایی» در نقل رویدادها رسیده بود.[130] این آگاهی روش‌شناختی بسی فراتر از دوران خود تاریخنگار می‌رفت و به عصر مدرن نزدیک می‌شد. در چنین زمانه‌ای و با چنین جوانه‌هایی از آگاهی کسی نیاز می‌دید که تاریخ را به رمز و تمثیل بنویسد

---

[130] نگاه کنید به:

Abbas Milani: «Modernity in the Land of the Sophy» in **Lost Wisdom** (Mage, 2004), 19

و عمری را بر سر این کار بگذارد؟ اگر رمز را به صرف پوشیده سخنگویی تعبیر کنیم، این ویژگی، یا این حرکت کلامی، چه ارتباطی با«رَوشن زمانه» دارد؟ حقیقت در چنین محاکاتی با ناپایداری و دگرگونی زمانه (در آینده یا درگذشته؟) چه نسبتی می‌تواند داشته باشد؟

رمز بی‌شک معادل «سمبل» نیز نیست. سال‌هاست ادب دانشگاهی در ایران رمز را با گرته برداری از زبان معاصر عربی در برابر «سمبل» به کار برده است، چرا که از کاربست واژه زیبای فارسی نماد در برابر سمبل بی‌دلیل ابا داشته است. گذشته ازین، معنای رمز را در خوانش‌های خود از متون ادبی تا حد ساختارهای الگوریک (تمثیلی)، به مفهوم ساده اصطلاح، فرو می‌کاسته است. می‌توان پرسید که آیا داستان‌های شاهنامه آلگوریک هستند؟ و یا چنانکه در یکی از ترجمه‌های شاهنامه به انگلیسی بدان برمی‌خوریم، «رمز» همان مفهوم (moral) (اخلاقیات، پند و اندرز) است؟ و پس آیا کل شاهنامه را می‌توان در مقوله ادب «پند آموز» جای داد؟ روشن است که داستانهای شاهنامه را نمی‌توان از نوع تمثیلات با نتیجه اخلاقی یا عرفانی دانست. همچنانکه، اگر واژه رمز را برابر با «معما» به مفهوم کلاسیک آن در ادب فارسی بگیریم (و یا مترادفاتش همچون «کنایه»، «ایما» و «اشاره») با یکبار خوانده و شکستن رمز متن به صورت معمایی حل شده در می‌آمد. از سوی دیگر، بسیاری از نکات مردم‌شناختی، اسطوره‌شناختی، زبان‌شناختی و تاریخی نیز هست که متن شاهنامه تا کنون آشکار کرده و ازین پس هم آشکار خواهد کرد. اما تخصیص شاهنامه به صرف خوانش‌های تاریخی، زبان‌شناختی، اسطوره‌شناختی و از این دست، همانا ساده کردن ساختار پیچیده شاهنامه همچون یک متن ادبی است و یکسره به نادیده گرفتن ژرفای روایی آن می‌انجامد.

سخن پوشیده شاهنامه را در عین پیچیدگی روایی آن به صورت بیانی رمزی (criptic) چگونه می‌توان توضیح داد؟ می‌دانیم که «رمز» و «راز» در فارسی از مترادفات هستند و با هم گاه در یک متن همنشینی پیدا می‌کنند. چنانکه در این بیت از حافظ:

هر آنکه راز دو عالم ز خط ساغر خواند

رموز جام جم از نقش خاک ره دانست

با این پیشینه است که ما کلمه راز را به جای رمز می‌نشانیم و می‌گوییم که شاهنامه در ابیات نقل شده برای خوانش خود از ما مذاقی از راز می‌خواهد. به چیزی ما را دعوت می‌کند که تجربه‌ای ژرف‌تر از فقط التذاذ صوری از «افسانه» یا پی بردن به نکته‌ای اخلاقی است. در این خوانش ایران یک راز است. همیشه و به تمامی نه همان است که خوانده می‌شود. چیزی را در «نهفت» خود دارد. برای رهیافتی به این نهفت،

این حقیقت بازنمایی ایران «باید تمامی تارو پود شاهنامه را از هم شکافت.»[131] این حقیقتی است که به حکم زمانه همواره نمی‌تواند خود را به تمامی آشکار کند.

واژه‌ی راز به معنایی که در اینجا طرح می‌کنیم در ادبیات فارسی مفهومی ناآشنا نیست. راز مثلاً در این شعر سخنوری همچون سعدی تنها به ضرورت قافیه و برای ساختن جناس با شیراز آورده نشده است و معنایی دیگر از و افزون بر صرف یک تلویح یا اشاره را ایفاد می‌کند:

خوشا سپیده دمی باشد آنکه بینم باز

رسیده بر سر الله اکبر شیراز

بدیده بار دگر آن بهشت روی زمین

که بار ایمنی آرد نه جور قحط و نیاز

نه لایق ظلماتست بالله این اقلیم

که تختگاه سلیمان بدست و حضرت راز

راز، به کوتاه سخن، اگر بتوان نام «صناعت» بر آن گذاشت، صناعتی است در سخن که در کتب بلاغی پیشینیان ذکری از آن به میان نیامده است. یا به سخن دیگر، به زبان و با اصطلاحات صناعات ادبی مشکل بتوان تعریفی برای آن به دست داد. راز صناعتی در لفظ نیست، اما می‌توان گفت که شرط ایفاد معنا در سخنی ادبی همچون شاهنامه است. این پرسش پیش می‌آید که با تعبیر «رمز» به «راز» در اینجا مفهومی اکنونی را که در افق معنایی سراینده سخن شاهنامه شناخته شده نبوده است، آیا ما در خوانش خود از ورای زمان به متن شاهنامه تحمیل نمی‌کنیم؟ در پاسخ می‌توان گفت که ما قرار نیست خوانش کنونی خود را از این متن به سود خوانش گذشتگان تعطیل کنیم. این خوانشی ادبی است و نه باستان‌شناختی. مهم فقط آن نیست که متن شاهنامه را چگونه خوانده‌اند، بلکه مهم آن است که اکنون چگونه می‌توان آن را بازخواند. و مهم‌تر اینکه، متن شاهنامه همچون هر متن دیگر ادبی همواره چیزی را به ما می‌گوید که خود آن را به عبارت درنیاورده است. بر این ناگفتگی، پوشیدگی سخن، در متنی همچون شاهنامه چه نام دیگری می‌توان گذاشت؟

راز در اینجا نه مفهومی عرفانی است و نه قدسی. به سخن دیگر «سرّ» نیست. سرّ و علانیه؛ «ظاهر» و «باطن» کلام در چهارچوب این مفهوم و یا در برداشتی نظری‌-ادبی ازین مفهوم هر دو یکی است. در شاهنامه راز به معنایی حقیقتی است که خود را نمی‌تواند آشکار کند، اما همواره حقیقتی آشکار است. به سخن دیگر، *رازی است*

---

[131] خالقی، **ایران درگذشت روزگاران**، ص. ۱۴

۷۹

که رازی نیست»[132]. و همچون رازی که رازی نیست به ما داده نمی‌شود، با ما درمیان گذاشته می‌شود. این مفهوم راز را از چشم اندازی گسترده خصلت بنیادین خود زبان و متن ادبی می‌توان دانست که نه روح دارد و نه تن، اما هر دو را دربرمی‌گیرد و همواره چیزی را بیان می‌کند که غیر از آن است که برای خوانده شدن یا شنیده شدن در پیش می‌نهد. اگر بتوان برای راز همچون یک دال، مدلول یا مفهومی را جستجو کرد آن مدلول هم هست و هم نیست، مثل خاطره‌ی یک عطر، خود عطر ... این راز در شاهنامه، راز یک ملیت است. یکجا هم افاده‌ای از معنای «یاد» می‌کند و هم «فراموشی» و هم اینکه، معنایی از هستی‌ای را می‌رساند که از نیستی، با مرگ، آغشته است. در شاهنامه مرگ راز رازهاست:

ازین راز جان تو آگاه نیست.»

همچنین این راز روح یا دل زمانه است، «زمانه به دل در همی داشت راز» و از زمانه‌ای به زمانه‌ای دیگر می‌رود؛ گفتگویی است خاموش در کلمه؛ ودیعه‌ای است که از نسلی به نسل دیگر سپرده می‌شود.

بدین معنا می‌توان گفت که ایران و ایرانیت در شاهنامه لحظه‌ای از راز است. پرسشی است که هویت سوگوار ایرانی همواره مطرح می‌سازد و هم در عین حال پاسخی است «نه از سر پاسخ گویی» بدان پرسش. آنچه در صورت‌های ویژه بیانی شاعران دیگر پس از فردوسی در استعاراتی همچون «خاک آبستن»، «خون شیرین» آمده و یا جامی که به شرط ادب باید به دست گرفت پژواکی از همین لحظه راز را در خود دارد: باده‌ای همچنان ناخورده در رگ تاک... این لحظه راز گوهره‌ی گنوسی

---

[132] برداشتی از مفهوم «راز» در آثار دریدا. در این برداشت طبعا معناها وکاربست‌های فلسفی، الهیاتی و یا حتا سیاسی این مفهوم در نوشته‌ها و مصاحبه‌های متاخر دریدا منظور نبوده و فقط ملازمات آن در ادبیات، و به عنوان خصلتی از متن ادبی، به‌کارگرفته شده آنچنان‌که در آثار زیر از دریدا آمده است:

"*Passions*: 'An Oblique Offering'" in On the Name, Thomas Dutoit ed., David Wood et al. trans. (Stanford, 1995).
Jacques Derrida: "Literature in Secret" in **The Gift of Death**, David Willis trans. (Chicago Univ. Press, 1995).

مذاقی برای راز را در برگردان عنوان کتاب زیر و نیز این‌گفته اوکه «من مذاقی برای راز دارم» و بر الگوی «مذاق عاشقی» در شعر مولانا
به‌کارگرفته‌ام: مذاق عاشقی دارم...

Jacques Derrida and Maurizio Ferraris : *A Taste for the Secret*, Giacomo Donis trans. (Wiley, 2001).

(مزدایی) شعر حافظ را تشکیل می‌دهد؛ و آن چیزی است که راوی بوف کور نمی‌تواند نام آن را بر زبان بیاورد: لطیفه‌ای در سخن که نام نمی‌پذیرد، اما نامیده می‌شود همچون مدلول لفظ «آن» در غزل حافظ یا سعدی، واژه‌ای دورگه که هم ضمیر اشاره و هم نام است و به عنوان نام (اسم) نه به مفهومی معین ارجاع می‌دهد و نه به عینیتی مادی و قابل لمس. با این حال، به عنوان یک واژه، به عنوان یک نام، دالی یکسره تهی از معنا نیست. خود طلعت آرزو شده‌ی جمال محبوب است در کسوت یک واژه.

این راز را می‌توان همان دیگری زبان دانست، که در آن سوی زبان است، اما همواره زبان را به خود فرا می‌خواند: یاد زبان. نام‌های دیگری نیز می‌توان بر آن نهاد از جمله «معنای معنا» به تعبیر جرجانی، اما آشکارهتر از آن است که «فیه ما فیه» زبان باشد. راز در اینجا، در متن ادبی، چنانکه اشاره شد، مفهومی یکسره دنیوی است... حال از این راز، و ایران همچون یک راز در قالب صناعتی از سخن، چه تعریفی می‌توانیم به دست دهیم؟ تنها می‌توانیم به مفهوم یا اصطلاح «مجاز» برگردیم و آن را با سازوکار دیگری در اینجا طرح کنیم. ایران در متن ادب فارسی با همه ملازمات و نام‌های دیگرش، در کاربست‌ها و بافتگان‌های گوناگونی که به خود می‌گیرد، یک مجاز است. اما گونه‌ای از مجاز است که ارجاع در آن با ارجاع معمول در زبان همخوانی ندارد. از آن فراتر می‌رود. در این مجاز همچون هر مجاز دیگری جزء همواره بر یک کل دلالت می‌کند، اما این جزء در عین حال در کل متوقف نمی‌ماند، از آن سرریز می‌کند. ایران در متن ادب فارسی همواره یک سرریزش (مازاد) معنایی است. همواره یک راز است.

شاهنامه چنانکه گفته شد یک سرنوشت است. در خوانش شاهنامه با مذاقی از راز، پیشوند «سر» در این سرنوشت به هیچ زمانیت یا حتا مکانیتی مشخص بر نمی‌گردد؛ نقطه سرآغازی برای آن نمی‌توان یافت، اما همچنان و در هر لحظه حال خوانش ما را درگیر خود می‌کند. همچنان ادامه دارد. چنین است که با مذاقی از راز آنگاه که نامه سردار ساسانی گرفتار در شن‌بادهای «قادسی» را می‌خوانیم، «که این قادسی گورگاه من است....» این نامه خوانش دیگری را از ما می‌خواهد. گویی که همین امروز نوشته شده است:

که من با سپاهی به سختی درم

به رنج و غم و شوربختی درم

رهایی نیابم سرانجام ازین

خوشا باد نوشین ایران زمین

در این خوانش، نامه یاد شده هیچ مقصد مشخصی در تاریخ ندارد. تنها می‌توان گفت که بر لبه بیابان، از مرز بیابان، نوشته و ارسال شده است: در پشت سر میهن است و درپیش رو بیابان... همچنین هیچ مبدا معینی را جز یک نام نمی‌توان برای

آن برشمرد. فرستنده آیا خود فردوسی است یا سردار ساسانی که در شنبادهای بین النهرین مدفون شد؟ هردو و هیچ‌کدام... اما این نامه‌ای است که همچنان در راه است. نامه‌ای است که اتفاقی به دست ما رسیده است. واژه‌هایش به پاره‌های کشتی شکسته‌ای می‌ماند که پس از قرن‌ها هنوز از زِبَرآبه‌ها به سوی ساحل ما می‌آید:

...

دریغ این سر و تاج و این مهر و داد

که خواهد شد این تخت شاهی بباد

چو با تخت منبر برابر کنند

همه نام بوبکر و عمر کنند

تبه گردد این رنجهای دراز

نشیبی درازست پیش فراز

نه تخت و نه دیهیم بینی نه شهر

ز اختر همه تازیان راست بهر

...

نه تخت ونه تاج و نه زرینه کفش

نه گوهر نه افسر نه بر سر درفش

به رنج یکی دیگری بر خورد

به داد و به بخشش همی‌ننگرد

...

ز پیمان بگردند و ز راستی

گرامی شود کژی و کاستی

پیاده شود مردم جنگجوی

سوار آنک لاف آرد و گفت وگوی

کشاورز جنگی شود بی‌هنر

نژاد و هنر کمتر آید ببر

رباید همی این ازآن آن ازین

ز نفرین ندانند باز آفرین

نهان بدتر از آشکارا شود

دل شاهشان سنگ خارا شود

...

به گیتی کسی را نماند وفا

روان و زبانها شود پر جفا

از ایران وز ترک وز تازیان

نژادی پدید آید اندر میان

نه دهقان نه ترک و نه تازی بود

سخنها به کردار بازی بود

همه گنجها زیر دامن نهند

بمیرند و کوشش به دشمن دهند

...

چنان فاش گردد غم و رنج و شور

که شادی به هنگام بهرام گور

...

پدر با پسر کین سیم آورد

خورش کشک و پوشش گلیم آورد

زیان کسان از پی سود خویش

بجویند و دین اندر آرند پیش

نباشد بهار و زمستان پدید

نیارند هنگام رامش نبید

چو بسیار ازین داستان بگذرد

کسی سوی آزادگی ننگرد

خاک مرده دل[133]

در پایان دیگر چه می‌توان گفت؟ پایان هرسخنی می‌تواند سرآغاز سخن‌های دیگر باشد. آنچه گفته شد نه سخن آخر است و نه می‌توان در اینجا برای آن نقطه‌ی پایانی گذاشت. این نوشته تنها خطوطی کلی از خوانشی را از ایران و ایرانیت در متن ادب پارسی پیشنهاد کرده است و بیش از این هم ادعایی ندارد. بی‌شک هرکدام از جنبه‌های موضوع در خوانش‌های دیگر بازهم می‌تواند گسترش و ژرفش یابد.

این پرسش که ایرانیت در متن ادب فارسی چگونه بازتاب یافته امروز دیگر پرسشی از سر تفننی ادیبانه یا تتبعی آکادمیک نمی‌تواند باشد. این پرسش، به ضرورت زمانه، از دل پرسش دیگری بیرون می‌آید؛ اینکه، از ایران اکنون چه مانده است؟ چه خواهد ماند؟ با این پرسش یا انگیزه بوده است که به جستجوی تعریفی از ایرانیت در متن ادب فارسی کوشیده‌ایم. ایرانیت در متن ادبی یک مجاز است (اگر نگوییم این مفهوم را متن ادبی تعریف‌ناپذیر می‌کند)؛ حدیث یک دلبستگی است؛ یک سوداست. ایران همچون موضوع این دلبستگی در متن ادبی اگرچه موجودیتی انگاشته دارد، اما واقعیتی نگاشته شده است.

از ایران اکنون چه مانده است؟ ایرانیت امروز نه تنها یک دلبستگی بلکه یک دغدغه است؛ دغدغه‌ای نه تنها سیاسی فرهنگی که دغدغه‌ای زیست محیطی است. صحبت بر سر هستی و نیستی یک ملیت و آب و خاک یک سرزمین است. خشکسالی و دروغ، مدیریت دروغ، اکنون بیش از هر زمان دیگری حیات سرزمینی به نام ایران و باشندگان در آن را تهدید می‌کند. واحه‌ی سبز ایرانی در برابر هجوم بیابان می‌رود که یکسره از باشندگانش خالی شود و از آن خاک مرده‌ای برجای ماند. بیابان بار دیگر وخشیدن گرفته است.

بیابان، این «دیگر»ی واحه‌ی ایرانی، «جخ» امروز به نابودی آن برنخاسته است. در بعد نمادین، نفی و انکار و ریشخند ایرانیت قصه‌ی تازه‌ای نیست، اما اکنون در زبان‌های تازه‌ای شنیده می‌شود. از یکسو، حکومتی ایدئولوژیک با بلاغیات خود و گاه در عمل و به اشکالی قهرآمیز در این سال‌ها همواره برآن بوده که نامی از ایران برده نشود تا بتواند تاریخ را از نو بنویسد؛ به تلویح و به تصریح خواسته است واژه‌ی «امت» را به جای «ملت» بنشاند و منافع ملی کشور را در راه برپاداشت قلمرو موهومی از نوعی انترناسیونالیسم اسلامی بی‌محابا نیست و نابود کرده است. از سوی دیگر،

---

[133] این ترکیب را ازین بیت صائب گرفته‌ام:

می‌دهد چون خضر، تشریف حیات جاودان

خاک‌های مرده دل را فیض آب زنده رود

خوانش‌های خام تاریخی همراه با رویکردهای نظری عاریه‌ای، گاه بی‌ربط و ناشیانه و گاه عامدانه و لفاظانه در نفی هویت ایرانی و زدودن آبرو از نام ایران کوشیده‌اند. تاریخ تکرار نمی‌شود اما هویت ایرانی در برابر این دست‌اندازی‌ها بار دیگر به خطر افتاده است.

در چنین شرایطی است که زبان و ادب پارسی واقعیت دیگری را به صورت نگاشته در برابر ما می‌گذارد. این‌که، ایران تنها کشوری کهن نیست، بلکه بر کهن بودن خود نیز در طول اعصار اشعار داشته است. در زبان فارسی، این رشته پیوند واحه‌های پراکنده‌ی ایرانی در مکان و زمان، واژه‌ی ایران نشانه‌ای خالی نیست. کند و کاو در چند و چون دلالت‌های این نام، خوانش ایرانیت در متن ادب پارسی، ما را به گذشته برنمی‌گرداند و در آن متصلب نمی‌کند، بلکه با اتکا بر فرادهش ادبی و فرهنگی ایرانی است که می‌توان و باید به بازتعریفی از ایرانیت برای زمانه سخت حاضر دست زد. آن کهن می‌تواند پشتوانه این نوین باشد. اما این را نیز باید افزود که متن ادبی برای مسایل ایران یا ایران همچون یک مسئله پاسخی ندارد. زبان این متن زبان استدلال نیست که ضعیف باشد یا قوی. پاسخ این متن به مسئله‌ی ایران اگر بتوان بدان اطلاق پاسخ کرد، *پاسخی است نه از سر پاسخ‌گویی*. این متن پیش از هرچیز ایرانیت را همچون واقعیتی ملموس و موضوع یک دلبستگی (و نه سرسپردگی) در برابر خواننده می‌گذارد و از این واقعیت با زبانی سخن می‌گوید که خانه‌ی یاد است و نه فراموشی. ایرانیت به این مفهوم یک «ایدئولوژی» نیست ضد ایدئولوژی است.

متن ادبی به ما می‌گوید ایران کشوری از زمره‌ی کشورهای «نوبنیاد» در دوران پسااستعماری نبوده است و مرزهای آن بر اثر «سکسکه‌ی استعمارگر» بر روی نقشه‌ی عالم ترسیم نشده است. ایرانیت، همچون یک واقعیت ادبی، در اساس نه مفهومی ذات‌پندارانه است و نه به عنوان یک هویت بر قوم یا نژادی دیگر تحمیل شده است. همچون هر هویت ملی دیگر واقعیتی ناهمگون و لایه‌لایه است؛ عرصه‌ی همگرایی‌ها و واگرایی‌ها بوده است و در جهانی رخ نموده که حتا یک تخته سنگ هم در آن حیاتی مستمر و یکسان نداشته اشت. «ایرانیت» به کوتاه‌ترین سخن، یک فرهنگ است و هرچه در این ایرانیت بیشتر ژرف‌ش کنیم بیشتر دیگریتی را از خود بر ما آشکار می‌سازد.

واژه‌ی ایران نشانه‌ای خالی نیست؛ درآیگاهی از یادهاست؛ قبه‌ی «یادایاد» در متن ادب پارسی است. همواره چیزی را به یاد می‌آورد که از یاد نرفته است؛ همیشه در خاطر حاضر بوده است. میهنی به نام ایران در متن ادبی حتا هم اکنون هم خود را چنان فرایاد می‌آورد که زمانی در مصراعی از شعر انوری به یاد می‌آورده است: *مرا بیرون ز جهانم مشمر*...در متن ادبی است که می‌بینیم ایرانیت همچون یک ذهنیت، به رغم گسستگی‌های تاریخی و حتا آنگاه که به انکار و ریشخند و امحای آن کمر بسته‌اند، پیوسته ادامه داشته است.

ایرانیت همچون یک دلبستگی ملی در طول تاریخ مفهومی گریزاننده نبوده است؛ دربرگیرنده بوده است. زبان حامل آن همچون یک فرهنگ بر کسی تحمیل نشده، این کسان دیگر بوده‌اند که بر این زبان شیفته شده‌اند. در چهارچوب چنین مفهومی از ایرانیت است که اکنون باید سرزمین ایران را همچون یک «ناـجا»، همچون فضایی از فرهنگ، بازتعریف کرد. این فضای فرهنگی همان قدر به باشندگان در هرات و دوشنبه تعلق دارد که به باشندگان در شیراز و اهواز... همان قدر به فارسی‌زبانان تعلق دارد که به شهروندانی در ایران که به زبان‌های دیگر سخن می‌گویند. امروز می‌توان و باید در نقشه پراکنش واحه‌های ایرانی بازنگری کرد. میلیون‌ها ایرانی اکنون در فراسوی مرزهای جغرافیایی کشور ایران زندگی می‌کنند که همچنان در این فضای فرهنگی دم می‌زنند و حتا نسل‌های دوم یا سومشان هم تا وقتی بر هویت‌های دورگه و در دوسوی خط تیره خود اشعار داشته باشند، بیرون از چنین فضایی نخواهند بود. بدان دلبستگی خواهند داشت. چنین پراکنشی آن‌هم در زمانه‌ی رسانه‌های فراگیر نو هر روز دوگانه‌ی «درون» و «بیرون» را بیشتر زیر سؤال می‌برد.

ایرانیت در متن ادب پارسی یک سرنوشت است. اگرچه آغازی در زمان و مکان نمی‌توان برای آن یافت، اما همچنان‌که در گذشته، در اکنون هم ما را درگیر در خود می‌کند. این سرنوشت را اکنون می‌توان نقطه اشتراکی دانست از همه آنچه میان مردمان ایرانی با تفاوت‌های زبانی، قومیتی، مذهبی و جنسیتی بر سر آن اشتراکی نیست. ایرانیت همچون یک سرنوشت مشترک در هر لحظه می‌تواند سویشی به آینده داشته باشد.

واحه ایرانی بار دیگر در معرض بیابان قرار گرفته است، اما هربار که به متن ادب پارسی بازگردیم، هم اکنون و هنوز هم، می‌توان صدا در صدای حافظ شیراز انداخت و گفت:

از این سموم که بر طرف بوستان بگذشت

عجب که بوی گلی هست و رنگ نسترنی

پیوست‌ها

پیوست ۱

نمونه‌ی شرح یکی از خواب‌های تیپو سلطان Tipu Sultan به زبان فارسی (خواب سیزدهم، زنی به کسوت مردانه، British Libray IO Islamic): 3563, f, 7r

پیوست ۲

متن کامل شعر احمد شاملو:

جخ امروز
از مادر نزاده‌ام
نه
عمرِ جهان بر من گذشته است.

نزدیک‌ترین خاطره‌ام خاطره‌ی قرن‌هاست.
بارها به خونِمان کشیدند
به یاد آر،
و تنها دست‌آوردِ کشتار
نان‌پاره‌ی بی‌قاتقِ سفره‌ی بی‌برکتِ ما بود.

اعراب فریبم دادند
بُرجِ موریانه را به دستانِ پُرپینه‌ی خویش بر ایشان در گشودم،
مرا و همگان را بر نطعِ سیاه نشاندند و
گردن زدند.

نماز گزاردم و قتلِ عام شدم
که رافضی‌ام دانستند.
نماز گزاردم و قتلِ عام شدم
که قِرمَطی‌ام دانستند.
آنگاه قرار نهادند که ما و برادرانِمان یکدیگر را بکشیم و
این
کوتاه‌ترین طریقِ وصولِ به بهشت بود!

به یاد آر
که تنها دست‌آوردِ کشتار
جُل‌پاره‌ی بی‌قدرِ عورتِ ما بود.

خوش‌بینیِ برادرت تُرکان را آواز داد
تو را و مرا گردن زدند.
سفاهتِ من چنگیزیان را آواز داد
تو را و همگان را گردن زدند.
یوغِ ورزاو بر گردنِمان نهادند.
گاوآهن بر ما بستند
بر گُرده‌مان نشستند
و گورستانی چندان بی‌مرز شیار کردند
که بازماندگان را
هنوز از چشم
خونابه روان است.

کوچ غریب را به یاد آر
از غُربتی به غُربتِ دیگر،
تا جُستجوی ایمان
تنها فضیلتِ ما باشد.

به یاد آر:
تاریخِ ما بی‌قراری بود
نه باوری
نه وطنی.

نه،
جخ امروز
از مادر
نزاده‌ام.

Hegel on Shahnameh (*Aesthetics*, T.M. Knox trans. Volume II Oxford, 1975), P. 1098.

(γγ) The flower of Persian poetry, on the other hand, falls into the period of the new civilization introduced when Mohammedanism transformed the Persian language and the nation. But just at the beginning of this most beautiful blossoming we encounter an epic poem which at least in its subject-matter takes us back to the remotest past of the ancient Persian sagas and myths, and presents us with a narrative proceeding all through the heroic ages right down to the last days of the Sassanids. This comprehensive work, derived from the Bastanama, is the Shahnama of Firdausi, the gardener's son from Tus. Yet we cannot call even this poem an epic proper because it does not have as its centre an individually self-enclosed action. With the lapse of centuries there is no fixed costume in either period or locality and, in particular, the oldest mythical figures and murkily confused traditions hover in a fantastic world, and they are so vaguely expressed that we often do not know whether we have to do with individuals or whole clans, while on the other hand actual historical figures appear again. As a Mohammedan, the poet had more freedom in the treatment of his material, yet precisely on account of this freedom he lacked that firmness in individual pictures which distinguished the original Arabian songs of the heroes, and owing to his distance from the long disappeared world of the sagas he lacks that fresh air of immediate life which is absolutely indispensable in a national epic.

گزیده‌ی روی‌آوردها

آجودانی، ماشاءالله: **وطن، زبان فارسی و شعر مشروطه**، نشریه اینترنتی گویا در نشانی زیر:

http://news.gooya.com/politics/archives/2014/03/177322.php

خالقی مطلق، جلال: **ایران در گذشت روزگاران**، گنجینه، شماره ۳، ۱۳۸۹، ۷ـ۶۹.

.............، **از شاهنامه تا خداینامه**، *نامه ایران باستان*، شماره اول و دوم، ۱۳۸۶

مسکوب، شاهرخ: **هویت ایرانی و زبان فارسی**، فرزان، ۱۳۸۵

Amanat, Abbas: "Iranian Identity Boundaries" in *Iran Facing Others*, A. Amanat and F. Vejdani, ed., (New York, Palgrave, 2012).

Anderson, Benedict: *Imagined Communities* (New York, Verso, 1991).

Balibar, Etienne: "The Nation form: History and Ideology" in E. Balibar and Immanuel Wallerstein: *Race, Nation, Class Ambiguous Identities* (London, Verso, 1991).

Bakhtin, Michail: *The Dialogic Imagination: Four Essays by M.M. Bakhtin* M. Holquist, ed., Caryl Emerson and Michael Holquist, trans., (University of Texas Press, 1981).

Barthes, Roland: "Theory of the Text" in *Untying the Text*, R. Young, ed., (Routledge, 1981).

Dabashi, Hamid: *Iran: A People Interrupted* (New Press, 2007).

Dick Davis: "Iran and Aniran, the Shaping of a Legend" in *Iran Facing Others*, A. Amanat and F. Vejdani, ed., (New York, Palgrave, 2012).

Derrida, Jacques: *"Passions*: An Oblique Offering" in *On the Name*, Thomas Dutoit ed.,

David Wood et al. trans. (Stanford University Press, 1995).

…………….. "Literature in Secret" in *The Gift of Death*, David Willis trans. (Chicago Univ. Press, 1995).

……………… *"The Work of Mourning"*, Pascale-Anne Brault , Michael Naas ed. & trans., (The university of Chicago press, 2003).

……………… Memories of Paul de Man, Cecile Lindsay, Jonathan Culler and Eduardo Cadava trans. (Colombia Press, 1986).

Foucault, Michel. "Of Other Spaces" Diacritics 16 (Spring 1986), 22-27.

Freud, Sigmund: "Mourning and Melancholia" (*The Standard Edition of the Complete Psychological Works of Sigmund Freud*, Volume XIV 1914-1916).

Kristeva, Julia: *Revolution in Poetic Language* (Colombia university press 1980).

Milani, Abbas: "Modernity in the Land of the Sophy" in *Lost Wisdom* (Mage, 2004).

Renan, Ernest: "What is a Nation" in *Nation and Narration*, Homi K. Bhabha ed., (Rutledge,1990) 8-23.